ENTRE CIEL ET TERRE

Charron Éditeur inc.
1 055 boul. René-Lévesque Est, bureau 205
Montréal, Québec H2L 4S5
Téléphone : 514-523-1182

L'ouvrage original a été publié par Orca Book Publishers
sous le titre *Between Heaven and Earth.*

FLEURUS

Direction : Guillaume Arnaud
Direction éditoriale : Sarah Malherbe
Édition : Camille Icole

Direction artistique : Élisabeth Hebert, assistée de Maïté Dubois

Direction de fabrication : Thierry Dubus
Fabrication : Florence Bellot

www.fleuruseditions.com

ISBN : 9782215133025
MDS : 652600

ERIC WALTERS

ENTRE CIEL ET TERRE

TRADUIT DE L'ANGLAIS (CANADA) PAR PIERRE THIBEAULT

FLEURUS

À mon beau-père, Nick Mednis,
un être d'une profonde gentillesse.
Il fut un père et un grand-père merveilleux.
Tous ses petits-enfants l'appelaient Tampa
parce que son premier petit-fils
ne savait pas prononcer Grandpa.
Il arborait presque toujours un sourire
et portait souvent un béret lorsqu'il se baladait.
J'en ai offert un au grand-père dans l'histoire qui suit
pour honorer la mémoire du Tampa de mes enfants.
Je l'ai emporté avec moi lorsque mon fils et moi
avons réussi l'ascension du Kilimandjaro.
Je crois que cela aurait fait sourire Tampa.

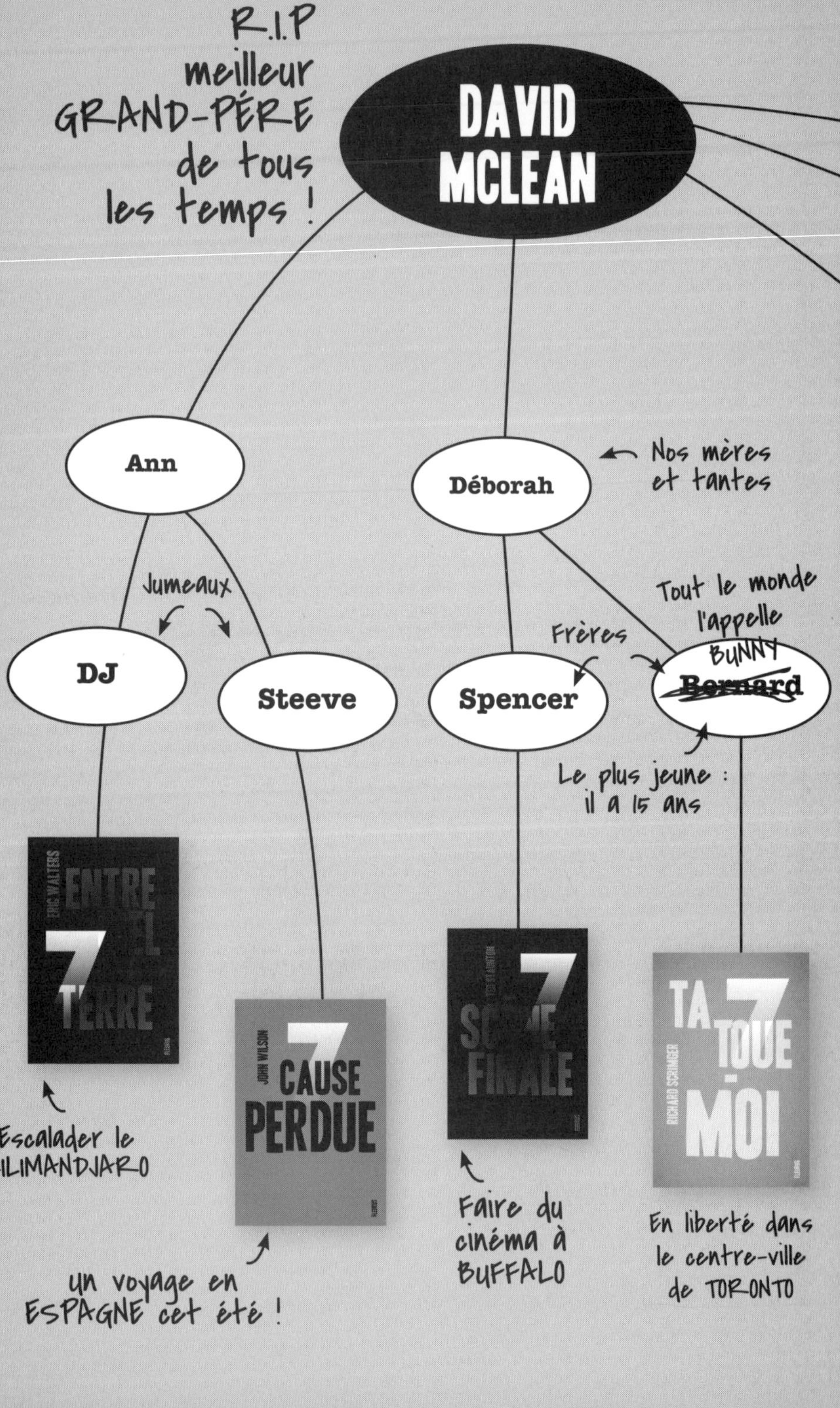
R.I.P
meilleur
GRAND-PÈRE
de tous
les temps !
DAVID
MCLEAN
Ann
Déborah
Nos mères
et tantes
Jumeaux
DJ
Steeve
Spencer
Frères
Tout le monde
l'appelle
BUNNY
Bernard
Le plus jeune :
il a 15 ans
ERIC WALTERS
ENTRE
7
TERRE
JOHN WILSON
7
CAUSE
PERDUE
7
FINALE
TA
7
TOUE
-
MOI
RICHARD SCRIMGER
Escalader le
KILIMANDJARO
un voyage en
ESPAGNE cet été !
Faire du
cinéma à
BUFFALO
En liberté dans
le centre-ville
de TORONTO

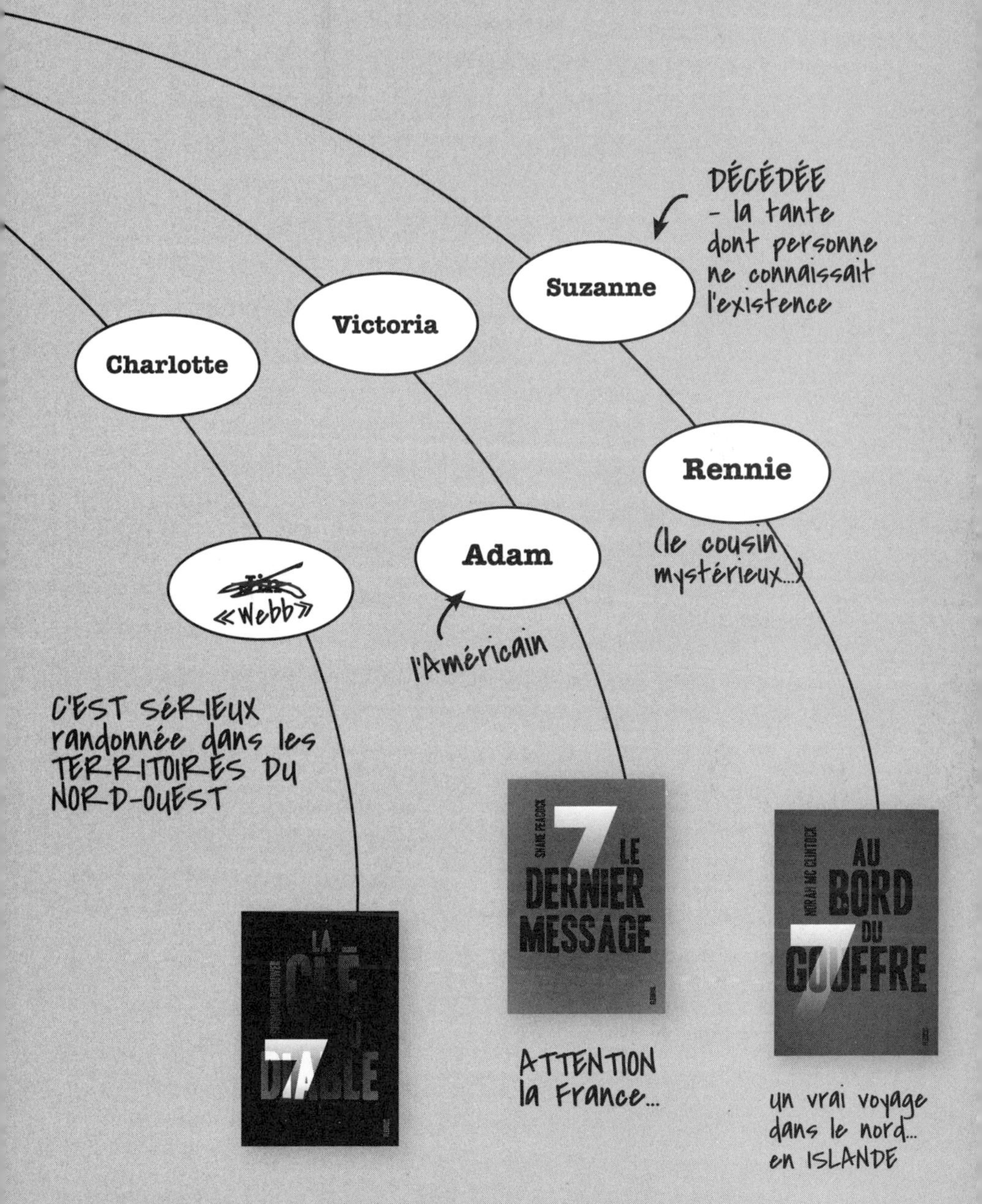
DÉCÉDÉE
- la tante
dont personne
ne connaissait
l'existence
Suzanne
Victoria
Charlotte
Rennie
(le cousin
mystérieux...)
Adam
«Webb»
l'Américain
C'EST SÉRIEUX
randonnée dans les
TERRITOIRES DU
NORD-OUEST
SHANE PEACOCK
7 LE DERNIER MESSAGE
NORAH MC CLINTOCK
AU BORD DU GOUFFRE 7
LA CLÉ DU DIABLE 7
ATTENTION
la France...
un vrai voyage
dans le nord...
en ISLANDE

Océan Arctique
CANADA
AMÉRIQUE
DU NORD
ÉTATS-UNIS
Spencer
Toronto
Bunny
Buffalo
Webb
Océan
Pacifique
KENYA
RWANDA
Mont
Kilimandjaro
Amérique
BURUNDI
Moshi
RÉPUBLIQUE
DÉMOCRATIQUE
DU CONGO
Dar es-Salaam
TANZANIE
ZAMBIE
MALAWI
MOZAMBIQUE

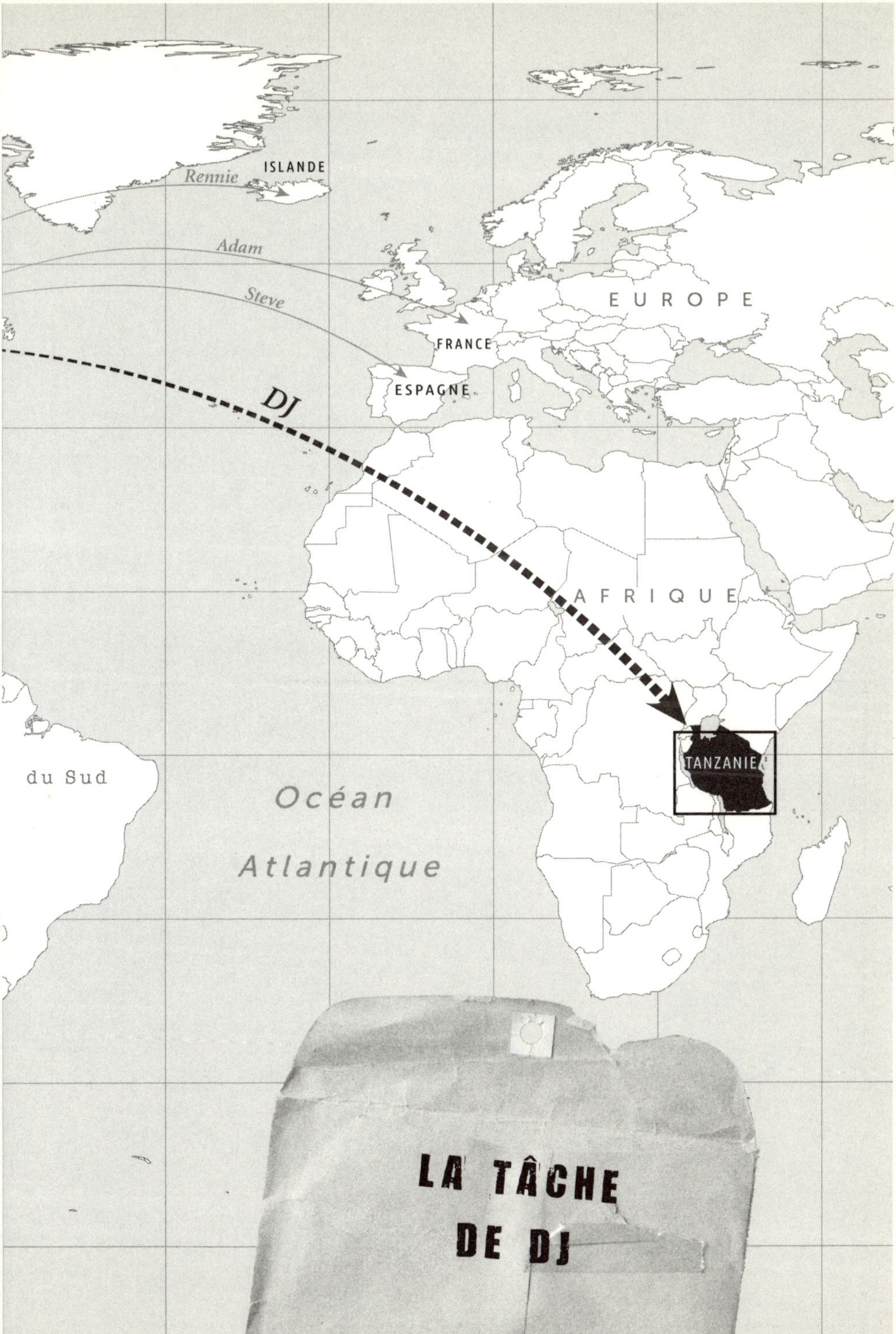
ISLANDE
Rennie
Adam
Steve
FRANCE
ESPAGNE
EUROPE
DJ
AFRIQUE
TANZANIE
du Sud
Océan
Atlantique
LA TÂCHE
DE DJ

UN

La pièce était vaste et somptueusement décorée de boiseries de chêne foncé. Un bureau d'acajou dominait l'endroit ; il était entouré de fauteuils et d'un canapé richement rembourrés. Je n'étais jamais entré dans un bureau de notaire auparavant. Remarquez, quelques jours avant, je ne m'étais jamais rendu dans une maison funéraire, et je n'avais pas assisté à un enterrement non plus.

Nous étions douze dans la pièce : en plus de ma mère, de mon frère Steve et de moi-même, il y avait les trois sœurs de ma génitrice, deux de mes oncles et mes quatre cousins, Adam, Webb, Spencer et Bernard. Ce dernier insistait pour qu'on le surnomme Bunny. C'était là les onze personnes qui m'étaient les plus chères au monde. Le seul être qui manquait était celui pour lequel nous étions présents : mon grand-père. Un frémissement m'a traversé le corps tout entier. J'espérais que personne ne l'avait remarqué. Ma mère a posé sa main sur la mienne.

– Tout va bien, DJ, a-t-elle chuchoté.

Ses yeux étaient rougis par les sanglots. Je savais à quel point son père allait lui manquer. En fait, je savais combien il allait tous nous manquer. Cependant, je ne pouvais pas me permettre de pleurer : l'un de nous devait garder sa maîtrise et c'était mon rôle.

Le trépas de mon grand-père nous avait tous affectés, ma mère peut-être davantage que les autres. J'avais entendu ma tante Vicky affirmer que c'était comme si nous « revivions » la mort de mon père. Quel étrange choix de mots ! Comment pouvait-on revivre un décès ? Je comprenais, bien entendu, ce qu'elle voulait dire, mais je n'étais pas d'accord avec elle. Mon père était effectivement mort. C'était à une époque où j'étais bien trop jeune pour m'en rendre compte : je n'avais donc aucun souvenir de complexe funéraire, de visites d'amis et de membres de la famille, de cimetière et d'enterrement. Je ne pouvais évidemment pas revivre ce que je n'avais pas vécu.

Après que ma mère m'eut rassuré, le bureau est redevenu silencieux. On aurait dit que tout l'oxygène présent en avait été extrait. Ce n'était pas bien grave, puisque personne ne semblait respirer. Nous ne faisions qu'attendre dans un mutisme complet l'arrivée du notaire. Je n'avais aucune idée de ce que contenait le testament de mon grand-père et je me fichais éperdument de ce qu'il me léguait. Je me contenterais des souvenirs qu'il avait imprégnés en moi. Si j'étais là, c'était parce qu'il avait exigé dans ses dernières volontés que nous soyons tous présents en ce jour et je ne voulais pas lui manquer de respect.

Mon frère, bien sûr, avait tout fait pour ne pas venir. Tout à fait typique de sa personne. Lorsqu'il ne s'agissait pas d'un projet qu'il avait lui-même entrepris, il ne se sentait tout simplement pas concerné. Si ma mère n'avait pas réussi à le convaincre, je l'aurais fait, et d'une tout autre manière. Steve peut parfois être tellement crétin. Difficile de croire que des jumeaux puissent afficher autant de différences. En clair, nous n'envisageons presque jamais les choses de la même façon.

Le silence m'apparaissait vraiment déplacé. Nous attendions la lecture du testament d'un homme qui ne croyait pas au silence. Il parlait tout le temps, racontant des histoires et des blagues. Il lui arrivait aussi de chanter. Plusieurs fois, alors qu'il ne savait pas que j'étais dans la même pièce que lui, je l'avais surpris en train de fredonner ou de se parler. Et, à plusieurs reprises, je l'avais entendu incarner les deux personnages d'un dialogue et même rire de ses propres blagues. Ma mère plaisantait souvent en affirmant que, si mon grand-père s'était adressé à un caillou, ce dernier lui aurait répondu. C'était sa manière d'être. Partout où il allait, il entamait une discussion avec de parfaits inconnus qui, toujours, lui répondaient. Il avait coutume de dire que les étrangers n'étaient rien d'autre que des amis en devenir. Il était constamment si amical, si rieur, si plein de vie ! Il avait été plein de vie.

J'avais détesté la vue de son corps allongé dans le cercueil. En parlant de lui, le prêtre avait dit qu'il le trouvait vivant, gisant là. C'était de la foutaise. Pour la première fois de ma vie, je le voyais immobile. Des émotions en mouvement, voilà ce que mon grand-père avait été. Il blaguait en disant qu'il était ce que les enfants hyperactifs devenaient en grandissant. Il était ce que moi, je voulais devenir, mais je savais que c'était impossible. Tout simplement parce que je n'ai pas sa convivialité avec autrui. Il savait mettre tout le monde tellement à l'aise. De parfaits inconnus se sentaient ses amis, ses amis se sentaient sa famille, sa famille… dans ses yeux, nous avions l'impression d'être les personnes les plus importantes du monde. Nous tous. Rien ne l'irritait davantage que lorsqu'on parlait de tolérance envers les autres. Il ne croyait pas à la tolérance, il croyait en l'acceptation.

Évidemment, j'étais conscient que toute chose vivante finit par s'éteindre, mais je n'avais jamais envisagé la mort de grand-père. Il m'avait toujours dit qu'il allait vivre éternellement ou, en tout cas, qu'il se tuerait à essayer. Il s'est tué à essayer. Juste avant son décès, il s'apprêtait à refaire entièrement son jardin, un travail que bien des hommes beaucoup plus jeunes que lui n'auraient pas accompli. Il était impatient de se rendre à sa maison de campagne pour pouvoir nous y accueillir. Il ne cessait d'affirmer qu'il allait faire du ski nautique cette année. Je savais qu'il n'en avait aucunement l'intention ; il le disait dans le seul but d'inquiéter ses filles. Aucun homme de quatre-vingt-douze ans ne devrait faire du ski nautique.

Il y a quelques nuits, il s'était mis au lit pour se réveiller sans vie. J'en avais presque souri. Il aurait aimé cette rime entre lit et sans vie. Un instant, il pétait le feu ; le suivant, plus rien. Tout le monde affirmait que c'était la meilleure façon de quitter ce monde : sans aucune souffrance. Pour lui, j'en étais heureux, mais cela était plus difficile pour nous. Nous n'avions pas eu le temps de nous préparer à son départ et encore moins de prendre conscience de son décès. Pour peu, on se serait presque attendus à ce qu'il rentre dans la pièce à tout moment…

La porte s'est ouverte et nous avons tous tourné la tête pour voir apparaître un homme en costume.

– Bon après-midi, a-t-il dit en s'asseyant derrière son bureau.

Quelques réponses marmonnées se sont fait entendre.

– Merci d'être venus, a-t-il ajouté. Je m'appelle John Devine et je suis le notaire de David depuis maintenant vingt ans. C'est un jour triste aujourd'hui et, franchement, je ne croyais pas avoir à le vivre. Même si je suis beaucoup plus jeune que David, j'étais persuadé qu'il me survivrait.

Ce commentaire a suscité des sourires et des hochements de tête approbateurs.

– C'était un homme extrêmement passionné. Ce fut pour moi une joie de le connaître.

C'était mon grand-père. Il était la joie.

– Les conditions du testament sont à la fois très directes et, j'ose le dire, très intéressantes.

Le notaire a fait une pause et a souri. Puis, il a poursuivi :

– Très intéressantes, oui…

Intéressant constituait un mot… intéressant. Il pouvait suggérer n'importe quoi.

– Commençons par les clauses plus conventionnelles, a dit

monsieur Devine. Tous les biens de David – sa maison, ses investissements et sa maison de campagne – seront partagés à parts égales entre ses filles.

C'était équitable. Grand-père l'avait toujours été.

– Tous ces biens, à l'exception de la maison de campagne, doivent être liquidés et partagés entre les quatre héritières. La propriété de la maison de campagne sera quant à elle modifiée. Les filles en seront les copropriétaires. Il est écrit, et je cite : « C'est un lieu chargé de merveilleux souvenirs familiaux et je tiens à ce qu'il soit utilisé éternellement par mes petits-enfants, par leurs enfants et par les enfants de leurs enfants. »

Après une courte pause, il a demandé :

– Est-ce que tout cela est clair ?

Un murmure d'approbations s'est fait entendre et certains d'entre nous ont opiné de la tête.

– Excellent, a déclaré monsieur Devine. Maintenant, il faut que j'explique la partie suivante, la partie intéressante du testament. Une somme d'argent assez considérable a été mise de côté afin de financer un projet… ou plutôt sept projets, devrais-je dire.

Encore une fois, il a marqué un temps d'arrêt.

– C'est sans aucun doute la clause la plus originale qu'il m'ait été donné d'inscrire à un testament.

Il nous a regardés tour à tour avec lenteur, s'arrêtant volontairement sur chacun d'entre nous. Nous le dévisagions tous, penchés vers l'avant sur nos fauteuils. Il avait assurément capté toute notre attention, y compris celle de Steve.

« Allez, lis ! », ai-je pensé.

– Je sais que vous êtes très impatients de connaître la nature de cette clause. En revanche, je ne peux vous en dévoiler la teneur à tous en même temps.

Un magma de protestations confuses a suivi.

– S'il vous plaît ! S'il vous plaît ! a lancé le notaire afin de calmer l'assemblée. Vous saurez tous de quoi il retourne, mais pas au même moment. Certains d'entre vous devront quitter la pièce avant que je poursuive ma lecture.

J'ai pensé tout de suite qu'il allait demander aux petits-enfants de quitter son bureau. Ce n'était pas juste. Je comprenais pour les plus jeunes, mais moi ? J'allais bientôt avoir dix-huit ans et je me sentais suffisamment mature pour affronter quoi que ce soit. Qui plus est, mon père n'étant pas là pour soutenir ma mère, ce rôle m'incombait. Le notaire devait me permettre de rester, et ce, même si les cinq autres petits-fils devaient sortir. Monsieur Devine a poursuivi :

– Ainsi, selon les volontés exprimées dans le testament, je demanderai aux petits-enfants…

– Je n'irai nulle part ! s'est exclamé Steve.

Toutes les têtes se sont tournées vers lui.

– Je ne me ferai pas expulser de la pièce ! a-t-il insisté.

– Tu sortiras si on te dit de sortir ! lui ai-je lancé avec force.

– Vous ne comprenez pas, a interrompu le notaire. Il peut rester.

– S'il reste, alors je reste aussi, ai-je dit.

– Moi aussi, a ajouté mon cousin Webb.

Une nouvelle vague de protestations s'est fait entendre.

– Est-ce que tout le monde pourrait se calmer ? a tonné le notaire en se levant d'un bond. S'il vous plaît ! Je fais la lecture d'un testament et un minimum de décorum est requis. Par respect pour la personne décédée, vous devez suivre ses instructions. Est-ce bien clair ?

– Je suis désolé, ai-je répondu.

– Moi aussi, a ajouté mon frère.

Je savais que mon jumeau était sincère. C'est vrai qu'il était impulsif et qu'il pouvait devenir vraiment pénible. D'ailleurs, j'avais souvent envie de lui donner une gifle – je l'avais déjà fait –, mais au fond, il était honnête.

– Avant de poursuivre, a dit le notaire, je dois demander à tous de respecter à la lettre les conditions du testament. Toutes les conditions.

– Bien sûr que nous acceptons, a répondu ma mère.

Mes tantes et mes oncles ont opiné.

– Parfait, a repris l'homme de loi. Maintenant, je demande à tout le monde de quitter mon bureau, à l'exception des six petits-fils.

– Quoi ? s'est exclamée l'une de mes tantes, exprimant notre désarroi à tous.

– Est-ce que vous venez de dire que tous les adultes doivent sortir ? a demandé ma tante Debbie.

Monsieur Devine a hoché la tête et lancé :

– Oui ! Tout le monde, sauf les petits-fils.

DEUX

Si la situation était pour le moins stressante, elle l'est devenue davantage lorsque nos parents ont quitté le bureau. Ma mère a été la dernière à partir. Sur le seuil de la porte, elle a hésité et nos yeux se sont croisés.

– Tout va bien, lui ai-je dit.

Son sourire était doux. Elle a fermé la porte derrière elle, nous laissant tous les six avec le notaire.

– Alors, messieurs, a repris ce dernier, je suppose qu'aucun d'entre vous n'avait imaginé un tel revirement.

– Grand-père était un être de surprises, a répondu Bunny.

– C'est pour ça que nous ne sommes pas tellement étonnés, a ajouté Steve.

– Voilà une perspective intéressante, a affirmé le notaire. Dans ce cas, le seul moyen pour votre grand-père de vous surprendre aurait été de ne rien faire pour vous surprendre.

– C'est vrai, a répondu mon frère.

– Donc, s'il n'avait rien fait, vous auriez été surpris, ce qui n'aurait pas été une réelle surprise. Cela ressemble à un serpent qui se mord la queue, vous ne trouvez pas ?

– Est-ce que nous pourrions poursuivre, monsieur ? ai-je dit. Je crois que nous sommes tous vraiment impatients de vous entendre.

– J'en suis certain, a-t-il répondu. Mais en fait, ce n'est pas moi qui vais vous parler. C'est votre grand-père.

Une pensée étrange m'a envahi d'un coup : après tout, peut-être n'était-il pas mort. Peut-être que tout cela n'était qu'une…

– Je vais vous faire voir une vidéo qu'il a lui-même préparée, a lancé monsieur Devine.

Mon corps entier s'est affaissé. Qu'est-ce que cela aurait pu être d'autre ? J'avais été stupide de croire que grand-père était toujours en vie.

Le notaire s'est levé et s'est avancé vers un meuble imposant sur lequel était posé un téléviseur. Il s'est ensuite retourné vers nous :

– J'étais avec votre grand-père lorsqu'il a enregistré ce document. Je pense que vous serez tous un peu surpris par ce qu'il a à vous dire.

Il a appuyé sur la télécommande et la télé s'est allumée. L'écran était vide. Puis grand-père est apparu.

– Je ne comprends pas pourquoi je dois mettre du maquillage, disait-il, la tête tournée vers quelqu'un hors champ. C'est de mon testament qu'il s'agit, pas d'une quelconque émission de télévision de fin de soirée. Et ce n'est pas exactement ce que l'on peut appeler un enregistrement en direct.

Quelques personnes en dehors du cadre se sont esclaffées et grand-père s'est tourné face à la caméra.

– Bonjour… ou bonsoir, les garçons. Si vous regardez ceci, c'est que je suis mort, même si je me sens tout à fait en vie en ce bel après-midi.

Je le regardais attentivement pour tenter de découvrir quand ce document avait été tourné. Cela ne devait pas faire très longtemps, car il ne m'apparaissait pas différent ou plus jeune que la dernière fois où je l'avais vu. Je me suis rendu compte que la vidéo avait été tournée dans le bureau où je me trouvais. Cela avait pour effet curieux de rendre l'expérience plus ou moins réelle.

Mon grand-père portait le chandail à rayures que ma mère lui avait tricoté, ainsi que son habituel béret noir. Cela m'avait paru étrange de le voir dans son cercueil sans ce couvre-chef, mais l'une des dispositions du testament indiquait qu'il ne devait pas être enterré avec cet objet. Je me suis surpris à me demander où il pouvait bien se trouver.

– Je veux vous dire tout d'abord que je ne veux pas que vous soyez tristes. J'ai vécu une belle vie et je n'en changerais pas une seule minute. Ceci étant dit, j'espère tout de même que vous êtes un peu affectés par mon décès et que je vous manque. Après tout, j'ai été un grand-père incroyable !

Nous avons tous éclaté de rire.

– Et vous êtes les meilleurs petits-fils qu'un grand-père peut souhaiter avoir. Je veux que vous sachiez que, de toutes les joies que j'ai connues dans ma vie, vous avez été parmi les plus grandes. Des tout premiers instants en votre compagnie jusqu'aux derniers – bien entendu, je ne sais pas ce que seront ceux-ci, mais je suis convaincu qu'ils seront merveilleux. Je tiens à vous remercier d'avoir fait partie de ma vie. D'avoir été une très grande, merveilleuse et chaleureuse partie de ma vie.

Il s'est penché pour attraper un verre d'eau posé devant lui. Sa main tremblait légèrement. Il devait être nerveux, car il ne tremblait jamais d'habitude.

– Je voulais enregistrer ce que j'ai à vous dire plutôt que de laisser mon notaire vous en faire la lecture. Salut, Johnnie !

– Salut, David ! a répliqué l'homme près de nous.

– Johnnie, j'espère que tu apprécies la bouteille de scotch de vingt ans d'âge que je t'ai offerte. Et j'espère que tu n'en as pas pris plus d'une gorgée avant la lecture de mon testament !

Le notaire a levé deux doigts.

– Mais, te connaissant, je suis presque certain que tu en as pris deux, a dit mon grand-père en rigolant.

Monsieur Devine a eu l'air embarrassé :

– Il me connaissait très bien, a-t-il avoué.

– Je voulais simplement vous dire au revoir en personne ; en fait, j'en avais besoin, dans la mesure du possible. J'ai trouvé ce moyen.

Il a repris un peu d'eau. Sa main tremblait encore.

– La vie est un périple fascinant qui ne vous mène que très rarement où vous aviez prévu d'aller. Je n'avais jamais pensé que je deviendrais un vieil homme. En fait, lorsque j'étais jeune, j'avais souvent l'impression que je ne verrais pas le jour suivant, et je croyais que je ne vivrais pas suffisamment longtemps pour devenir vieux.

Je me suis souvenu de certaines anecdotes qu'il nous avait racontées et qui prouvaient qu'il avait frôlé la mort en mainte occasion. Il s'était fait tirer dessus alors qu'il était pilote durant la Seconde Guerre mondiale. Par la suite, il avait volé autour du monde.

– Mais j'ai vécu une longue et merveilleuse vie. J'ai été béni lorsque j'ai rencontré l'amour de ma vie, votre grand-mère Vera. Je trouve triste qu'elle nous ait quittés avant que vous ne puissiez la rencontrer. Je sais que les gens ne disent jamais de mal des personnes décédées – et je compte sur vous pour poursuivre cette tradition –, mais votre grand-mère était tout simplement la femme la plus parfaite en ce monde. Le seul défaut que je puisse lui reconnaître est d'avoir été assez folle pour m'épouser. Elle ne m'a pas seulement offert une vie extraordinaire, elle m'a aussi donné quatre filles… quatre filles incroyables. J'aurais simplement souhaité que votre grand-mère ait été là pour les voir grandir et devenir les merveilleuses femmes qu'elles sont aujourd'hui.

Ma grand-mère était morte quand nos mères étaient encore très jeunes. La benjamine, tante Vicky, avait alors seulement quatre ans. Mon grand-père a donc élevé seul ses filles à une époque où les hommes ne s'occupaient ni de l'éducation des enfants, ni des tâches ménagères.

– Je me suis toujours réconforté en pensant qu'elle veillait encore sur elles, assise quelque part au paradis ou ailleurs.

J'imagine que, quand vous regarderez cette vidéo, je saurai si ce fut le cas et je prie d'être alors aux côtés de votre grand-mère.

Il a levé son verre à nouveau et porté un toast. Sa main ne tremblait plus. Il se sentait en confiance, plus à son aise. Il était redevenu grand-père.

– Assumer à la fois le rôle de père et de mère pour mes filles m'a forcé à toujours faire les choses rapidement et à tout faire moi-même. Parfois, le besoin de gagner ma vie m'a empêché d'être là pour elles. Il y a tant de pièces de théâtre, de récitals de violon et de matchs de football auxquels je n'ai pu assister. C'est d'ailleurs l'une des raisons pour lesquelles je me suis toujours fait un devoir d'être présent à presque tous les événements scolaires et concerts auxquels vous avez participé.

C'est vrai qu'il avait été là pour nous, tout le temps. Dans les estrades, enguirlandant les arbitres ; dans les premiers rangs des concerts, encourageant et applaudissant, ou à notre chevet quand on se réveillait après l'ablation de nos amygdales. Il était là, toujours.

– C'était une promesse que je m'étais faite et ce fut une immense joie de la tenir. Vous, les garçons, les merveilleux et incroyables garçons, avez été une bénédiction… sept bénédictions ! Et certaines bénédictions viennent plus tardivement que d'autres.

Sept ? Il voulait dire six. Nous étions six. Il était sans doute plus nerveux qu'il ne le montrait. Sa gorge avait semblé se nouer lorsqu'il avait prononcé ces mots. J'ai eu l'impression qu'il allait pleurer. Il a pris une nouvelle gorgée d'eau. Une longue et lente gorgée.

– Mais je ne vous ai pas fait venir ici dans le simple but de vous dire le grand amour que j'éprouve pour vous. Faire partie de vos vies a constitué l'une de mes plus grandes réalisations, et je ne l'échangerais pour rien au monde. En revanche, être là pour vous a signifié que je ne pouvais me trouver ailleurs. J'ai accompli beaucoup de choses dans ma vie, mais il semble que le temps ne m'offrira pas le luxe de faire tout ce que j'aurais souhaité accomplir. J'ai donc des demandes. Ce sont mes dernières volontés.

Nous nous sommes tous regardés d'un air interrogateur.

– Mon notaire a en sa possession des enveloppes. Il y en a une pour chacun de vous.

Je me suis alors retourné. Monsieur Devine s'était levé. Il tenait entre ses mains une série d'enveloppes disposées en éventail.

– Chacune de ces demandes, de ces tâches, a poursuivi grand-père, a été déterminée avec soin pour chacun de vous. Vous disposerez de tout le nécessaire pour les mener à bien – argent, billets d'avion, guides touristiques. Tout.

Des billets d'avion ? Des guides touristiques ? Que voulait-il qu'on fasse ?

– Je ne vous demande pas de faire des gestes stupides ou imprudents – en tout cas, rien d'aussi imprudent et abruti que ce que j'ai fait moi-même à votre âge. Vos parents seront peut-être inquiets, mais je n'ai aucun doute sur vos capacités de réussir. Tout comme je n'ai aucun doute sur le fait que vous deviendrez tous de parfaits jeunes hommes. Je suis triste de savoir que je ne serai pas là pour vous voir devenir ces hommes incroyables. Mais je n'ai pas besoin d'être là pour savoir que cela se produira. J'en suis convaincu. Tout comme je suis convaincu que je serai là, avec vous, lorsque vous accomplirez mes dernières volontés et lorsque vous poursuivrez votre chemin de vie.

Il a levé son verre.

– Un dernier toast. Aux plus merveilleux petits-fils qu'un homme pourra jamais avoir !

Il a vidé son verre d'une lampée. Il l'a reposé, nous a regardés droit dans les yeux et a dit :

– Je vous aime tous tellement ! Bonne chance !

L'écran est devenu noir. Il avait disparu.

Le notaire a alors éteint le téléviseur.

– Ici, dans mes mains, se trouvent sept enveloppes. Une pour chaque petit-fils.

– Vous voulez dire six enveloppes, ai-je répliqué. Nous ne sommes que six.

– Eh bien, comme je vous l'ai dit tout à l'heure, un autre rebondissement plus qu'intéressant vous attend. Votre grand-père avait un septième petit-fils.

TROIS

Je suis monté dans ma chambre et j'ai fermé la porte derrière moi. Je devais m'isoler afin de traiter adéquatement cette nouvelle impromptue. Mon grand-père avait eu une autre fille – une fille qui avait été conçue, qui était née et qui avait été élevée à son insu. Cette enfant, aujourd'hui décédée, avait eu un garçon prénommé Rennie. Mon grand-père n'avait appris son existence que quelques mois plus tôt. Nous n'étions donc plus six, mais bien sept petits-fils. La nouvelle m'avait troublé, alors que Steve, lui, semblait s'en amuser. C'était tellement lui !

À quelques jours près, nous avions le même âge que Rennie. La demande de mon grand-père était fort simple : nous devions tous prendre contact avec Rennie afin qu'il fasse partie intégrante de la famille. J'allais le faire certes, puisque mon grand-père l'avait demandé, mais pas tout de suite. Il me fallait d'abord commencer par le commencement : prendre connaissance de ma tâche.

J'ai pris place sur mon lit. J'étais seul. C'était pour moi

l'unique manière de découvrir ce qu'il y avait dans l'enveloppe. Je n'avais aucune idée de la façon dont j'allais réagir et, s'il me fallait pleurer, je ne voulais personne aux alentours. La grande enveloppe de papier kraft que j'avais dans les mains était épaisse. Elle contenait assurément plus qu'une simple lettre.

Je tournais et retournais l'enveloppe entre mes doigts. Mon surnom, DJ, y était écrit à la machine, au recto. J'aurais trouvé la chose moins étrange si mon grand-père l'avait inscrit de sa propre main. Enfin, aussi peu étrange que tout cela pouvait l'être.

Allez ! j'avais assez contemplé cette enveloppe. Je l'ai donc décachetée avec précaution et j'ai jeté un regard à l'intérieur. J'ai vu un objet noir et mou : le béret de grand-père ! Je l'ai sorti sans pouvoir m'empêcher de sourire. Un petit papier y était épinglé sur lequel grand-père avait écrit mon nom. Il m'avait laissé son béret. J'étais tellement touché ! Je l'ai déposé doucement sur ma cuisse et j'ai retourné l'enveloppe. Trois enveloppes plus petites s'en sont échappées. Sur l'une d'elles, on pouvait lire en gros caractères : « 1 – À lire maintenant » ; sur une autre : « 2 – Au pied ». Qu'est-ce que cela pouvait bien vouloir dire ? Et sur la dernière, ceci : « 3 – Fin ». Les trois inscriptions étaient manuscrites, comme si grand-père avait su que c'était cela que je voulais. Doucement, posément, délicatement, j'ai ouvert la première enveloppe.

Cher DJ,

Je me souviens très bien de la première fois que je t'ai tenu, toi, mon premier petit-fils. Tu n'avais pas plus de quinze minutes d'existence lorsque ton père t'a placé dans mes bras. Ton frère allait suivre tout de suite après. Je n'avais jamais tenu quelqu'un d'aussi jeune – même pas mes filles. Les choses étaient un peu différentes de mon temps. Je sais que tu ne commettras pas la même erreur que moi avec tes enfants : tu seras au côté de ta femme lors des événements heureux. C'est la meilleure chose à faire, et je sais que je peux toujours compter sur toi pour faire les choses bien.

Cela m'a fait sourire. J'avais toujours éprouvé une certaine fierté à effectuer les choses de la bonne manière. Mon grand-père l'appréciait.

Cela peut te sembler étrange que je te parle ici d'une femme et d'enfants, mais la vie passe si vite. Il me semble qu'il n'y a pas si longtemps j'étais comme toi : un adolescent. Puis tout s'est enchaîné très vite ; le garçon est devenu un jeune homme ; le jeune homme, un homme ; l'homme, un père ; le père, un grand-père ; le grand-père… un souvenir. Pardonne-moi de sembler à la fois morbide et philosophique, mais la mort – ou sa perspective imminente – tend à faire naître ce type de sentiments.

La mort… il était mort. Je n'avais aucune idée du moment où il avait écrit cette lettre, mais c'était la dernière chose qu'il avait rédigée spécifiquement pour moi. Enfin, techniquement, c'étaient les deuxième et troisième enveloppes qui contenaient les ultimes mots de mon grand-père, mais j'éprouvais du plaisir à philosopher. Au cours des jours précédents, j'avais eu l'occasion de beaucoup réfléchir aux notions de vie et de mort.

Je ne me suis attendu à rien ce jour où, pour la première fois, je t'ai tenu dans mes bras. Reste que tout s'est déroulé à l'inverse de ce à quoi j'aurais pu m'attendre. Aucun cri, aucun pleur. Tu étais si calme – en tout cas, bien plus calme que je ne l'étais. Tu me regardais, les yeux écarquillés, te demandant sans doute qui était ce vieil homme qui te tenait dans ses bras et, surtout, ce qui allait suivre. Étrangement, j'ai eu la sensation que tu le savais déjà.

Ta mère m'a toujours dit que tu étais une vieille âme. Je sais qu'elle te l'a souvent dit aussi et que cela t'agace, mais elle a raison. Tu as toujours été cet enfant qui fait ce que l'on attend de lui : tu as fait tes nuits rapidement, appris à utiliser les toilettes, appris à lire, tu es devenu le capitaine de toutes les équipes pour lesquelles tu as joué. La plupart des enfants ne comprennent rien à rien. Les plus brillants posent des questions. Mais toi, tu semblais avoir les réponses.

Je me rappelle aussi très bien le jour où ton père est décédé. Ce fut l'un des jours les plus tristes de ta vie ; de la mienne aussi. J'étais impuissant et incapable de vous protéger de la douleur, ta mère, ton frère et toi. Je t'ai vu pleurer, mais tu as été si fort. Je pense même que tu as davantage aidé ta mère que moi-même. Honnêtement, je crois aussi que tu m'as aidé.

Peut-être est-ce à ce moment-là que ta vieille âme s'est transformée en leader. Tu es alors devenu plus qu'un enfant. Tu as pris soin de ta mère, de ton frère, puis de tous tes cousins. J'imagine bien que ton frère ainsi que tes cousins t'en ont parfois voulu de jouer le rôle d'un troisième parent, mais je sais aussi qu'ils te respectent tous énormément. Je souhaite fortement que vous communiquiez entre vous durant l'accomplissement de vos tâches respectives. Je suis convaincu que tu seras d'une grande aide pour chacun de tes cousins, mais j'espère aussi que tu seras assez fort pour accepter la leur. Un bon leader sait quand il doit suivre les autres, quand il doit accepter leur aide et quand il est temps de faire appel à eux.

J'ai toujours pensé que les problèmes de ce monde étaient causés par le fait que nous n'avons pas compris que nous sommes tous membres d'une seule et même famille. Il n'y a pas de races différentes, mais une seule : la race humaine. Si nous étions capables de retourner suffisamment loin en arrière, nous découvririons les liens qui nous unissent tous. Certains croient dur comme fer à l'existence du jardin d'Éden ; d'autres pensent que la théorie de l'évolution est plus qu'une théorie. Les deux ont raison : nous avons tous le même commencement. Nous venons tous de la même mère et du même père, que nous les appelions Adam et Ève ou non.

Je t'ai raconté quelques-unes de mes histoires vécues en Afrique. J'ai volé dans une multitude d'avions au-dessus de l'Afrique orientale. Ce fut un temps d'aventure, d'abandon et d'excitation. C'est là-bas que j'ai pu guérir mon âme des horreurs de la guerre, que j'ai pu réapprendre à aimer et à poursuivre mon chemin de vie.

« Tu es poussière et tu redeviendras poussière. » Ces mots furent prononcés à mon enterrement. Et j'y crois.

Alors, DJ, voilà ma requête. Je veux qu'une partie de mes cendres retourne là où toute l'aventure humaine a commencé mais aussi là où ma vie a recommencé : en Afrique, dans la vallée du rift. Je veux que tu te rendes en Tanzanie et que tu escalades le Kilimandjaro.

Une partie de mes cendres a été déposée dans le pommeau de ma canne. Lorsque tu parviendras au sommet, disperse-les au vent afin qu'elles soient soufflées au-dessus de la vallée et que je me retrouve une nouvelle fois uni à mes ancêtres.

Avec toute ma gratitude et tout mon amour,

Grand-père

P.-S. : Dis bonjour à Elijah de ma part. Il t'attendra à l'aéroport, prendra grand soin de toi et mettra tout en œuvre pour faire de ton ascension un succès.

Grand-père voulait que j'escalade une montagne afin d'y répandre ses cendres ? J'avais peine à croire à ce que je venais de lire. J'ai détaché mon regard de l'enveloppe. L'Afrique… je partais pour l'Afrique… en Tanzanie… pour y escalader une montagne… J'avais l'esprit un peu embrumé pour réfléchir, mais j'ai fait mentalement un calcul rapide. Mon dernier examen avait lieu dans trois jours. J'avais obtenu une bourse pour participer au camp d'entraînement de l'équipe de football américain qui débutait en août. Grand-père en était si fier. Si je partais immédiatement, j'aurais tout le temps nécessaire pour accomplir ma tâche. Après tout, de combien de temps avait-on besoin pour gravir une montagne ?

QUATRE

– Ne t'en fais pas, tu ne rateras pas ton avion ! a dit ma mère.

– Je ne m'inquiète pas, ai-je répondu. Mais il s'agit d'un vol international, et il faut être à l'aéroport au moins trois heures à l'avance.

– Nous aurons trois heures d'avance !

– Et si on était pris dans un embouteillage ou si un pneu crevait ?

– Les routes sont dégagées et, dans le cas du pneu, eh bien, nous le réparerons.

Je me suis adossé à ma banquette et j'ai tenté de me détendre. Ceci dit, je savais que je ne serais réellement détendu que lorsque je sentirais les roues de l'avion du retour se poser ; ça signifierait que ma tâche serait terminée. Cela ne prendrait certainement que sept ou huit « dodos ». En pensant à cela, j'ai eu l'impression d'être un bambin, mais, depuis toujours, c'était ainsi que je calculais les jours passés loin de la maison.

– Cela va me faire bizarre de vous savoir partis au loin, ton frère et toi. Je vais être inquiète.

– Il n'y a aucune raison de t'en faire, maman. N'oublie pas que Steve ne part que pour l'Espagne.

– Alors, je devrais m'inquiéter pour toi et ta montagne ?

– Tu n'as pas à t'inquiéter pour aucun de nous. Dans mon cas, ce sera comme une promenade au parc.

– Escalader une montagne, ce n'est pas tout à fait comme se balader dans un parc, a rétorqué ma mère.

– Mais si, c'est pareil. Le Kilimandjaro est un parc national. Depuis quand les parcs sont-ils dangereux ? ai-je dit en rigolant.

Elle n'a pas ri, preuve qu'elle pensait que ma petite blague n'était pas drôle.

– Steve part bientôt, n'est-ce pas ?

– Demain.

Elle a gloussé et ajouté :

– Ton frère me rappelle tellement ton grand-père.

– Steve ? Mais il n'a rien en commun avec grand-papa !

– Ton grand-père s'est assagi avec l'âge, mais souviens-toi des histoires qu'il t'a racontées sur sa jeunesse. Je crois d'ailleurs que c'est la raison pour laquelle ton grand-père ne s'entendait pas aussi bien avec Steve qu'avec ses autres petits-fils. Il voyait trop de lui-même en lui et il tentait de le changer afin de lui éviter de subir les mêmes douleurs.

– Les mêmes douleurs ?

– Je me suis souvent demandé à quoi rimaient toutes ces aventures qu'a vécues ton grand-père. Je sais que la guerre a été très dure pour lui ; peut-être était-ce une façon pour lui de se retrouver.

– Et que cherche Steve ?

– Peut-être la même chose ? La paix.

J'ai toujours pensé que Steve ne dénicherait rien d'autre sur sa route que de la douleur. En tout cas, il était passé maître dans l'art d'en trouver et d'en donner. C'était mon frère jumeau et je l'aimais, bien sûr, mais plusieurs fois, j'avais eu envie de le tuer. Nous étions si différents, même sur le plan physique. Je le dépassais en taille et je devais bien peser dix kilos de plus que lui. J'adorais le sport, lui s'en moquait. Il était passionné d'histoire, alors que, moi, la seule histoire qui m'intéressait concernait les résultats des matchs de la veille.

– Je vais tout faire pour rester en contact avec toi, ai-je promis. Et toi, peux-tu garder un œil sur les autres afin de t'assurer qu'ils accomplissent leurs tâches respectives ?

– Ne t'en fais pas, tout le monde ira bien, a dit ma mère avant de faire une courte pause. Est-ce que tu vas entrer en contact avec Rennie ?

– Je vais le faire parce que grand-papa l'a demandé. C'est juste que c'est tellement… tellement…

– Oui, c'est sûr. Je ne peux imaginer le choc qu'a ressenti ton grand-père en apprenant qu'il avait eu une autre fille et un autre petit-fils.

– C'est sûr.

Je ne voulais pas penser à cela maintenant.

– Je veux simplement être certain que tout ira bien pour

mon frère et mes cousins, ai-je repris. Je suis un peu inquiet pour Bernie.

– Bunny sera parfait.

– S'il te plaît, arrête de l'appeler par ce surnom !

– Lui-même se le donne. Je trouve cela mignon.

– C'était mignon quand il avait quatre ans. Il en a quinze maintenant et il est au lycée !

– Eh bien moi, je me souviens de quelqu'un qui se promenait partout dans un petit déguisement de tigre, a-t-elle ironisé.

– J'avais trois ans, pas quinze ! Tu trouverais ça mignon de me voir aller au lycée ainsi attifé ? Et puis au moins, moi, je voulais être un tigre, pas un lapin !

– Ton cousin aime qu'on l'appelle Bunny.

– Ce n'est pas important ce qu'il aime. Se faire appeler Bunny lui attire toutes sortes de moqueries.

– Je sais que ta tante t'est très reconnaissante pour l'aide que tu lui apportes.

– Je fais de mon mieux. Tant que je suis aux alentours, personne ne se permet vraiment de se moquer de lui. Mais l'an prochain, je ne serai plus là pour le protéger. Et c'est sûr qu'il ne pourra pas compter sur Spencer.

Spencer était le « grand » frère de Bunny, mais il n'était pas très grand et il était une cible de moqueries aussi facile que Bunny.

– Il pourrait très bien s'interposer, a dit ma mère.

– Personne n'a peur de Spencer, maman.

Elle a rigolé avant de poursuivre :

– Je suis simplement heureuse que mon petit Tigre ait toujours pris soin de son petit cousin Bunny, de la même manière que Tigrou prend soin de Winnie l'ourson.

Comme il n'y avait personne d'autre dans la voiture, je n'étais pas offusqué qu'elle m'appelle par ce petit nom spécial qu'elle m'avait donné. Les choses étaient bien différentes quand c'était Steve qui m'appelait ainsi, particulièrement en public.

– Tu es très difficile à suivre, a repris ma mère.

– Quoi ?

– Parfois, j'ai l'impression que tes cousins ont le sentiment qu'ils ne seront jamais en mesure d'entrer en compétition avec toi.

– Ce n'est pas une compétition, maman.

– Jamais je n'aurais pensé t'entendre prononcer les mots « pas » et « compétition » dans la même phrase, a-t-elle ajouté en souriant.

– Je fais de mon mieux, c'est tout. Le but d'un jeu est de gagner, mais je sais aussi perdre.

– Et combien de fois as-tu perdu dans ta vie, dis-moi ?

– Je tenterai de perdre plus souvent à l'avenir.

– Ce n'est pas la fin du monde de perdre.

– Je n'ai jamais dit que c'était le cas.

Au moment où je prononçais cette phrase, je me suis rappelé que, chaque rare fois où il m'était arrivé de perdre, j'avais effectivement eu le sentiment que mon univers s'écroulait.

Nous avons tourné sur la voie circulaire qui menait au terminal de l'aéroport.

– Tu es bien sûr que tu ne veux pas que je t'accompagne à l'intérieur ? a demandé ma mère.

– Ne dépense pas d'argent pour un stationnement. Je n'aurai aucun souci.

Elle a ralenti et s'est garée sur une place laissée vacante. Je suis sorti rapidement et elle a ouvert le coffre de l'intérieur. J'ai saisi mon sac de toile vert, mon sac à dos et, bien sûr, la canne de mon grand-père dans laquelle se trouvait un petit compartiment secret contenant ses cendres. Je la tenais fermement.

– Tu as tout ?

– Absolument.

– Je ne sais pas pourquoi je te pose cette question. Tu es sûrement le plus responsable de tous les garçons de dix-sept ans du monde.

Elle a fait une pause avant de reprendre :

– Je vais tout de même être inquiète jusqu'à ton retour.

– C'est drôle, moi aussi, je vais être inquiet pour toi jusqu'à mon retour !

Des larmes sont montées à ses yeux. Aux miens aussi, mais je les ai chassées en fermant les paupières. Je ne pouvais pas lui montrer que j'étais triste et soucieux.

– Il faut que j'y aille. Je dois aller enregistrer mes bagages.

Ma mère m'a enlacé fermement dans ses bras. Elle était petite, mais forte. Je lui ai fait un gros câlin.

– Je t'aime, a-t-elle dit.

– Ouais, je m'en étais rendu compte. Faut dire que je suis plutôt aimable.

Elle a soupiré à mon oreille.

– Je sais, je sais, maman, mais il faut vraiment que j'y aille.

Elle m'a serré un peu plus fort avant de me laisser partir.

– Je t'enverrai un texto dès que je toucherai le sol.

Après une ultime accolade, je me suis dirigé vers le terminal. Je me suis arrêté, je me suis retourné une dernière fois et je lui ai fait un signe de la main, auquel elle a répondu. Je suis ensuite entré dans l'aéroport.

Maintenant que ma mère était partie, je pouvais baisser ma garde quelque peu. Ceci dit, je ne voulais pas non plus pleurer en public. J'étais franchement inquiet. Bien pire, j'avais peur. Je m'en allais au bout du monde, tout seul, pour escalader une montagne, une grande montagne. Il était normal que j'aie peur. Seulement, je ne voulais pas le montrer. À personne.

Je devais faire une dernière chose avant l'enregistrement. J'ai pris mon téléphone et j'ai envoyé un texto à mes cousins :

Salut les gars. Monte dans un avion pour la Tanzanie. Bonne chance à vous. De retour bientôt. Envoyez un texto si besoin d'aide. Ne laissez pas tomber grand-papa.

J'ai appuyé sur « Envoyer » en sachant pertinemment que mes cousins recevraient mon message dans la seconde. Nous avions tous une mission à remplir, mais, allez savoir pourquoi, je me sentais responsable de la réussite de celle des autres. Comme si j'étais le garant du succès de chacun. En revanche, je devais accomplir ma mission avant de penser à aider qui que ce soit.

J'étais seul avec la canne de grand-père. Elle était marron, faite d'un bois tendre. Deux éléphants aux défenses entrecroisées en formaient la poignée. Des souvenirs me sont revenus en tête : lui, sa canne à la main, marchant ou s'appuyant dessus, la faisant parfois tournoyer telle une majorette ou dansant avec elle, comme avec une partenaire imaginaire ; et son béret, toujours penché du même côté. J'ai secoué la canne. J'ai senti les cendres remuer à l'intérieur. Cette canne lui avait appartenu ; maintenant, il lui appartenait, là, dans mes mains.

CINQ

Mes yeux se sont ouverts dans un sursaut lorsque les pneus de l'avion ont touché le sol. L'engin a bondi de haut en bas pendant quelques instants avant de littéralement s'arrimer au sol. Nous avons roulé le long de la piste. Les cahots étaient si nombreux que j'avais l'impression que nous avions atterri en plein champ. J'ai jeté un regard par le hublot. La piste n'était rien d'autre qu'une mince ligne pavée entourée de buissons touffus. « C'est une bonne chose que j'aie dormi pendant le processus d'atterrissage et que je n'aie pas vu l'état dans lequel se trouve cette piste », me suis-je dit intérieurement. J'étais heureux de me retrouver sur le plancher des vaches.

Je n'avais jamais confié à personne – surtout pas à grand-père – que j'avais une peur bleue de voler. Pour lui, c'était le *nec plus ultra* de l'expérience humaine. Je l'accompagnais parfois dans ses vols. J'étais derrière lui et il tenait les commandes. Il adorait être dans les airs. Et moi, j'adorais être avec lui, donc je lui avais toujours caché à quel point je haïssais l'avion. Il m'installait sur le siège du copilote à un âge si jeune que j'avais peine à voir au travers de la verrière. Il était même allé jusqu'à m'asseoir sur ses genoux et me confier le manche. Un petit garçon de quatre ans qui pilotait un avion !

Lorsque nous volions, il me racontait toutes sortes d'histoires : ses missions à bord de son Lancaster durant la guerre, ses expériences de pilote de brousse dans le Grand Nord, ses incessants périples en Afrique. Cela me faisait toujours sourire. Mais lorsque je repensais à la dernière fois qu'il avait piloté un avion, mon sourire disparaissait. Grand-père savait qu'il était trop âgé pour voler en solo. Le gouvernement aussi. Comme il le disait lui-même : « Des règles et encore des règles, et je ne peux rien faire contre elles. » Il avait donc laissé son permis de pilote se périmer.

Au cours de son ultime vol, nous l'attendions au sol, ma mère, Steve et moi. Il avait voulu être seul pour cette dernière fois : lui, l'avion et le ciel.

En fermant les yeux, je le revoyais s'éloigner doucement de l'aéroplane après l'atterrissage. Il m'avait affirmé que ça avait été l'un des jours les plus tristes de toute son existence. J'étais bien entendu désolé pour lui, mais, en mon for intérieur, j'étais heureux de ne plus avoir à voler avec lui. Aujourd'hui, je me sentais encore coupable d'avoir éprouvé ce sentiment.

J'en étais à mon troisième vol de ce périple vers la Tanzanie et, chaque fois, les avions s'étaient faits plus petits et plus suspects. Nous sommes finalement arrivés à Moshi, une petite ville située au pied du Kilimandjaro. Grand-père aurait adoré ce dernier avion tant il était petit. Il ne pouvait contenir que seize passagers et il ressemblait moins à un avion qu'à un autobus avec deux moteurs à hélice. Qui plus est, un autobus en très mauvais état. La moquette du plancher était usée et déchirée par endroits, tout comme les banquettes, d'ailleurs. Pire, mon siège était tout recourbé – l'une des pattes le faisant tenir était cassée – et la ceinture de sécurité était à peu près inutilisable. Je ne pouvais pas la boucler. L'agente de bord m'avait aidé à nouer ensemble les deux extrémités.

L'avion rebondissait encore sur la piste, mais les gens commençaient à se lever. Ils semblaient totalement inconscients des mesures de sécurité et des règles élémentaires en vigueur. Ceci dit, je comprenais parfaitement leur envie de sortir de l'appareil le plus rapidement possible. Être sur terre, c'était bien, mais avoir les deux pieds sur terre, c'était encore mieux ! Je m'attendais à ce que l'agente de bord leur intime l'ordre de se rasseoir, mais elle n'a rien fait. Les passagers se tenaient à leurs sièges respectifs, effectuant diverses contorsions afin de réussir à ouvrir les compartiments au-dessus de leurs têtes pour en extirper leurs valises.

L'avion s'est finalement arrêté. J'ai défait ma ceinture et je me suis levé pour bruyamment me frapper la tête sur le compartiment. Le son du choc a été tel que les têtes se sont tournées vers moi. Certains passagers semblaient prêts à pouffer de rire, d'autres affichaient une mine soucieuse.

– Tout va bien, ai-je dit à tout le monde et à personne. Ces avions sont trop petits pour moi.

Je me suis levé d'un bond dans l'allée. Le haut de ma tête effleurait le toit de l'avion. J'ai jeté un regard autour de moi et j'ai constaté que j'étais de loin la plus grande personne à bord. J'ai saisi mon sac à dos, puis la canne de grand-père.

La porte de l'avion s'est ouverte. L'air frais et les rayons du soleil s'y sont engouffrés. J'ai pris une profonde inspiration. Cela m'a fait le plus grand bien. Les passagers ont quitté l'avion et nous nous sommes suivis à la queue leu leu. J'ai posé enfin un premier pas en Tanzanie. J'y étais et cela signifiait que j'avais accompli le premier tiers de ma mission.

Je l'avais, en effet, divisée en trois parties : me rendre en Tanzanie, escalader la montagne et faire le voyage du retour. Je me doutais par contre que l'ascension allait se révéler plus longue que les vols.

J'ai suivi le groupe de passagers vers un petit immeuble. J'espérais que les voyageurs savaient où ils allaient. Les kiosques des douanes étaient situés juste derrière les portes. Au-dessus de l'un d'eux était inscrit « Passeports est-africains ». Plus loin, « Tous les autres passeports ». C'est là que je devais aller.

J'ai sorti mon passeport et je me suis placé à la fin de la file. Trois autres personnes étaient devant moi : deux jeunes hommes dans la vingtaine et une dame beaucoup plus âgée. Peut-être était-elle la mère d'un des garçons. Cette pensée m'a rappelé que je devais envoyer un texto à ma mère pour lui dire que j'étais arrivé sans encombre.

Les hommes se sont avancés vers le kiosque de douane, me laissant seul avec la dame. Elle s'est tournée vers moi.

– Première fois en Tanzanie ? m'a-t-elle demandé avec un accent britannique.

J'ai opiné de la tête et lui ai répondu :

– Oui, et vous ?

– Oui. Êtes-vous ici pour escalader la montagne ?

– Oui. Mon objectif est de…

« Suivant ! »

Nous avons regardé tous les deux vers le kiosque. Le garde faisait signe à la dame d'approcher.

– Bonne chance dans votre projet, m'a-t-elle dit juste avant de s'avancer vers le douanier.

Je ne croyais vraiment pas que la chance jouerait le moindre rôle dans mon expédition. J'avais vraiment chaud et j'étais épuisé. Mes jambes tremblaient un peu. Cela faisait presque vingt-quatre heures que ma mère m'avait déposé à l'aéroport et je n'avais pas dormi plus de trois ou quatre heures depuis : la peur de voler…

La dame a passé les douanes et j'étais le suivant.

– Passeport, s'il vous plaît, m'a demandé l'officier.

Il a pris le passeport que je lui ai tendu, l'a ouvert à la page où figurait ma photo et a fait quelques allers et retours entre cette dernière et moi.

– C'est vraiment vous ? m'a-t-il demandé.

La question m'a déstabilisé :

– Évidemment que c'est moi !

– Ça ne vous ressemble pas beaucoup. Faut dire que vous vous ressemblez pas mal tous, les touristes. Combien de jours pensez-vous rester ?

– Deux ou trois.

– Pourquoi un séjour aussi court ?

– Ça devrait être suffisant pour escalader le Kilimandjaro.

– Vous pensez réellement accomplir cette expédition en deux jours ?

– Je ne sais pas. C'est pourquoi je vous ai dit peut-être trois.

Il a remué la tête de gauche à droite. La façon dont il me regardait me laissait croire que je l'avais offensé.

– Combien d'argent avez-vous en votre possession ?

– D'argent ?

– Oui, combien d'argent avez-vous sur vous ?

J'avais entendu dire que certains douaniers posaient ce type de questions afin d'obtenir des pots-de-vin.

– J'en ai suffisamment, lui ai-je dit.

– Suffisamment ? Est-ce que vous ne seriez pas un brin insolent, jeune homme ? Je vous le demande une dernière fois : de combien d'argent disposez-vous ?

Sa voix forte et son regard appuyé m'ont fait comprendre que je n'avais d'autre choix que de lui donner une réponse claire, voire lui verser une petite prime.

– Euh… Je ne suis pas certain… Mais je sais que j'en ai assez. J'ai quelques centaines de dollars américains et plusieurs shillings tanzaniens. J'ai aussi une carte bancaire. Quant au reste, tout est déjà payé.

– Vous n'avez que dix-sept ans et vous voyagez seul ? Qui va prendre soin de vous ici ?

– J'ai rendez-vous avec un homme qui s'appelle Elijah. Il m'attend probablement à l'extérieur en ce moment.

J'avais prononcé cette dernière phrase en faisant des gestes précis en direction du panneau indiquant la sortie de l'aéroport.

– Quel est le nom de famille de ce Elijah ? Est-il un organisateur de randonnées touristiques ? Est-ce qu'il est tanzanien ?

– Je n'en sais rien.

– Vous ne savez rien sur lui ? Vous ne connaissez même pas son nom de famille ?

J'ai fait signe que non.

– Et vous croyez que cet Elijah est là, à vous attendre à l'extérieur ? Et s'il n'est pas là ? Avez-vous un numéro pour le joindre ?

Encore une fois, j'ai hoché négativement la tête. Ça ne me rassurait pas non plus. J'espérais vraiment que grand-père et son notaire avaient tout arrangé.

– S'il n'est pas là, qu'allez-vous faire ?

– Je suis convaincu qu'il est là. Sinon, je l'attendrai.

– Pendant combien de temps ?

– Jusqu'à ce qu'il arrive.

– Et s'il ne vient pas avant demain ou après-demain ? Est-ce que vous vous croyez à l'hôtel ici ?

– Je sais qu'il sera là.

Il a marmonné quelques mots dans sa barbe. Nul besoin de comprendre le swahili pour comprendre que mes plans ne l'enchantaient pas.

– Avez-vous quelque chose à déclarer ? Est-ce que vous avez de la drogue, des armes à feu, de l'alcool ou des fruits et des légumes interdits en votre possession ?

Bien entendu, je n'avais rien de ce genre avec moi. En revanche, monsieur Devine m'avait dit qu'il était interdit de transporter des restes humains d'un pays à un autre. C'était d'ailleurs la raison pour laquelle nous avions dissimulé les cendres de grand-père dans sa canne.

– Alors ? a repris le douanier.

– Euh… non, ai-je bégayé.

Le mensonge n'était pas dans ma nature.

– Alors pourquoi n'avez-vous pas répondu immédiatement ?

– Je n'avais pas bien compris la question.

– Je ne parle pas assez bien votre langue pour vous ? a-t-il rétorqué.

– Je suis fatigué. Très fatigué. Je n'ai aucune de ces choses avec moi. Je ne bois jamais d'alcool, je ne consomme pas de drogue et je ne possède aucune arme.

Il m'a regardé longuement et durement. Il semblait réfléchir. Allait-il me laisser entrer dans le pays ou non ? Cette question ne faisait aucun sens. Il n'avait aucune raison de me refuser l'accès à la Tanzanie. Son regard s'est fait plus menaçant. Il a enfin pris son tampon, qu'il a cogné avec force contre mon passeport avant de me le remettre.

– Je peux y aller ?

– Vous avez l'air surpris. J'aurais dû vous faire faire demi-tour ?

– Bien sûr que non !

– Dans ce cas, prenez vos affaires et laissez la place aux autres.

Je me suis empêtré avec mon passeport, mon sac de toile et mon sac à dos. La canne a glissé de mes mains et est tombée sur le sol. Je me suis penché pour la ramasser.

– C'est un bâton de marche intéressant, m'a lancé le douanier.

– Merci.

– La plupart des gens quittent le pays avec cet objet. En général, ils n'arrivent pas avec.

– C'est une canne spéciale. Elle a appartenu à mon grand-père.

– Laissez-moi voir, m'a-t-il dit en avançant une main.

À contrecœur, je lui ai tendu l'objet.

– Ce design est originaire de Tanzanie. C'est le peuple chaga qui sculpte ces cannes. Je suis chaga.

– Mon grand-père a passé quelque temps ici lorsqu'il était jeune. Il était pilote.

Le douanier a fait tourner la canne entre ses mains en l'examinant avec la même minutie qu'il m'avait réservée auparavant. J'ai résisté à l'envie pressante de la lui arracher des mains. Il ne tenait pas seulement la canne de mon grand-père entre ses doigts. Il tenait mon grand-père.

– Ce bâton est vraiment léger. Un peu comme si… Comme si…

Il a secoué la canne et j'ai pu sentir les cendres bouger à l'intérieur.

– Un peu comme s'il était creux.

Il a pris le pommeau de la canne et l'a dévissé. Il a jeté un regard à l'intérieur, puis un autre dans ma direction.

– Tu croyais pouvoir me tromper ?

– Je n'essayais pas de vous tromper. C'est simplement que…

– C'est une grave offense que d'importer de la drogue.

– De la drogue !

Il a crié quelques mots dans un langage incompréhensible et, avant que je puisse rien faire, deux hommes armés et en uniforme m'ont saisi par les bras.

SIX

Je me suis assis sur la couchette, le dos au mur rugueux, les jambes repliées contre moi. J'ai regardé mes poignets et je me suis senti frustré. Les gardiens avaient pris ma montre et le contenu de mes poches, en plus de ma ceinture, de mes bottes de marche et de mes chaussettes. Mes chaussettes ! Que pensaient-ils que j'allais faire avec elles ? Les rouler en boule et les lancer sur eux ? Depuis combien de temps étais-je ici ? Une heure… Deux heures ? Plus important encore, combien de temps cela allait-il durer ? Ils ne pouvaient pas me garder ici éternellement. Les gardiens se rendraient rapidement compte qu'il ne s'agissait nullement de drogue. Ceci étant dit, personne n'était autorisé à transporter des restes humains. À combien d'années de prison au juste pouvait-on me condamner ?

J'ai entendu un bruit de pas et j'ai regardé à travers les barreaux, au-delà des deux gardiens assis. J'ai vu apparaître un soldat. Les deux hommes se sont levés et l'ont salué. Peu importe son nom, il était leur supérieur. Le ton de sa voix m'a fait comprendre qu'il leur donnait des ordres. Il s'est ensuite retourné et a disparu en coup de vent. Les deux hommes se sont empressés d'ouvrir ma cellule.

Je me suis levé, pieds nus, apeuré et seul… Si seul ! J'aurais espéré que quelqu'un – ma mère, mon grand-père, l'un de mes cousins même – soit présent pour m'aider. Je devais récupérer la canne.

– Venez, m'a lancé l'un des gardes.

Sa voix était douce, ce qui ne me rassura pas du tout. Je suis sorti de la cellule.

– Attendez ! a-t-il clamé.

L'autre gardien est parti en courant pour revenir quelques secondes plus tard, une paire de sandales dans les mains : « Voilà pour vous. »

Un peu confus, j'ai pris les chaussures. Elles étaient brunes, passablement usées et surtout bien trop petites pour moi. Je les ai tout de même enfilées et j'ai suivi les gardiens le long d'un couloir jusqu'à une petite pièce dans laquelle se trouvaient quelques rangées de chaises en bois, deux tables et un banc au très haut dossier. Une salle d'audience ! Allait-on me juger ? Je me suis alors retourné vers les gardes qui m'observaient en souriant. Mais que se passait-il donc ?

Une porte sur le côté s'est ouverte et deux autres gardiens sont entrés. Aucun d'eux ne souriait. Un homme plus âgé et vêtu d'un complet les suivait. Il tenait la canne de mon grand-père ! Il m'a salué de la tête et les gardiens se sont immédiatement mis au garde-à-vous.

Je m'attendais à ce que l'homme aille s'asseoir sur ce que je croyais être une chaise de juge. Mais il s'est dirigé vers moi.

– Bon après-midi, m'a-t-il dit. Je crois bien que cette chose vous appartient.

Il m'a tendu la canne. Était-ce une ruse visant à me faire admettre que l'objet m'appartenait bel et bien ? Après tout, pourquoi discuter ? Tout le monde savait bien que cette canne était mienne. Je l'ai prise.

– Merci.

Cela me faisait du bien de la retrouver, et ce, même si je n'avais aucune idée de ce qui allait se produire par la suite.

– Souhaiteriez-vous quelque chose à manger ? À boire ? Un café, un thé, un soda peut-être ?

Comme tout cela était bizarre et gentil ! Je me suis dit que les Tanzaniens devaient tenir leurs procès différemment de nous.

– Non, merci.

– Je crois pour ma part que je prendrai un thé, a poursuivi l'homme. Et puisque cela ne se fait pas de boire seul, je vais demander à ce que l'on en prépare suffisamment au cas où vous changeriez d'avis. Aimez-vous du lait et du sucre avec votre thé ?

– Euh... Oui, s'il vous plaît... Du lait et beaucoup de sucre !

Il s'est tourné vers les deux gardiens :

– Pourriez-vous, s'il vous plaît, nous faire préparer du thé ?

– Oui, Votre Honneur ! a dit l'un d'eux avant de disparaître.

C'était donc bien un juge.

– Mon jeune David, je dois vous présenter nos excuses pour vous avoir fait perdre votre temps, m'a-t-il dit.

J'étais étonné d'entendre mon prénom. Personne ou presque ne m'appelait David. En plus, comment l'avait-il appris ? Il l'avait sûrement lu dans mon passeport.

– J'ai été retenu et n'ai malheureusement pas pu être présent pour votre arrivée, comme prévu.

Comme prévu ? Que voulait-il dire ?

Il a secoué doucement la tête :

– Je peux tellement voir la ressemblance ! Il y a tellement de lui en vous !

– Ressemblance ? Que voulez-vous dire ? Attendez… Êtes-vous Elijah ?

– Oh ! Je suis désolé, a-t-il dit en riant. Je croyais que vous le saviez déjà !

– Mais… Il vous a appelé Votre Honneur.

– Je suis à la fois un ami de votre grand-père et un juge. La raison pour laquelle j'étais en retard, c'est que je présidais un procès dans la capitale, Dar es-Salaam. Je suis juge à la Cour suprême de Tanzanie.

– La Cour suprême ? Wow !

– Nous sommes neuf, a-t-il dit en haussant les épaules. Ce n'est pas seulement moi. J'espère que vous ne tiendrez pas rigueur à l'officier des douanes ; il n'a fait que son devoir. Pour tout dire, je l'ai même félicité d'avoir eu la perspicacité de constater que la canne était creuse. C'était quand même bien joué, non ?

– J'imagine.

– La contrebande est un sérieux problème et les cendres de votre grand-père ressemblent à s'y méprendre à de la drogue.

– Suis-je en difficulté ?

– Pas du tout, a-t-il dit en hochant la tête. Je suis juge à la Cour suprême. Ce genre de délits mineurs peut être ignoré et même oublié totalement. Est-ce que votre grand-père vous a déjà parlé de ses années en Tanzanie ?

– Il utilisait cet aéroport, n'est-ce pas ?

– C'était plutôt une piste poussiéreuse et un hangar, à l'époque. David a survolé toute la région. C'était un homme bon. Connaissez-vous l'histoire de notre pays ?

– Un tout petit peu. C'était une colonie, n'est-ce pas ?

– Nous faisons souvent une blague en Tanzanie. Nous disons que, jadis, toute l'Afrique ressemblait au Kilimandjaro : blanc au sommet, noir en dessous. Les Blancs régnaient sur nous et nous n'avions pratiquement aucun droit ni aucune liberté. Nous étions des citoyens de seconde zone dans notre propre pays.

J'ai eu l'impression que je devais m'excuser, que c'était ma faute parce que j'étais blanc.

– Votre grand-père était différent. Il traitait tout le monde avec le même respect, y compris moi alors que je n'étais qu'un enfant. Il disait qu'il avait combattu pour la liberté et la démocratie, et qu'il ne pouvait en aucun cas prendre part à des actions qui privaient d'autres hommes de liberté. C'est grâce à lui que je suis devenu juge.

– C'est vrai ?

– Et pas seulement grâce au respect qu'il m'a témoigné, mais aussi parce qu'il a financé mon instruction.

– Vraiment ?

– Chaque année, un donateur anonyme envoyait de l'argent pour financer mes études. Dans nos échanges de lettres, il a toujours refusé d'admettre que c'était lui, et ce, jusqu'à la toute fin. Mais je savais que c'était lui. Est-ce que cela vous surprend ?

– Non. C'est tout à fait lui.

– Je vais vous raconter une histoire. Lorsque j'étais enfant, je travaillais pour des Blancs afin d'aider ma famille. J'ai besogné sur leur propriété et, lorsque j'ai eu terminé, l'homme ne m'a donné que la moitié de la somme qu'il m'avait promise. J'ai protesté et on m'a battu.

– C'est dégueulasse.

– Votre grand-père a vu mes blessures. Il a été pris d'un accès de rage et il a voulu aller battre l'homme. Nous l'en avons empêché. Votre grand-père était grand et fort, mais l'autre était un homme très important et il aurait pu le faire arrêter et même le forcer à quitter le pays. Il a été très difficile de le convaincre de ne pas aller l'affronter. Il a alors eu une idée. Plutôt que de lui flanquer une raclée, il a décidé de devenir son ami.

– Et pourquoi a-t-il fait cela ?

– Afin de gagner sa confiance. Il lui a ensuite proposé de l'emmener en avion pour une somme ridicule. L'homme, un vantard, était si imbu de lui-même qu'il a accepté avec joie.

Elijah s'est penché vers moi et a poursuivi en chuchotant :

– Il faut vous dire que j'ai peur de l'avion. C'est pourquoi je suis venu ici en voiture aujourd'hui. Heureusement, vous n'avez pas la même crainte, sans quoi vous ne seriez pas ici.

Je connaissais cette peur bien plus que je n'oserais jamais l'admettre.

– Votre grand-père l'a donc emmené dans les airs. Il a fait plonger son avion, il a rasé les arbres et les montagnes. Il a même volé à l'envers pendant quelques instants.

Je pouvais tout à fait imaginer mon grand-père s'amuser.

– Lorsque l'avion a atterri, l'homme blanc était souillé de son propre vomi. Et il était encore plus livide que d'habitude. Il s'est écroulé littéralement sur le sol en sortant de l'avion. C'était une raclée autrement plus féroce que celle qu'il m'avait servie.

Elijah a éclaté de rire, un peu comme si la scène venait de se répéter devant ses yeux.

– Et ton grand-père – je peux te tutoyer, n'est-ce pas ? – m'a remis l'argent que l'homme lui avait donné pour le vol.

– Bien sûr que vous le pouvez. Mais je tiens à continuer à vous vouvoyer. Par respect.

– Pas de problème. La somme que m'a donnée ton grand-père était largement supérieure à ce que l'homme me devait. J'ai d'abord refusé l'argent, mais ton grand-père a insisté pour que je le prenne.

Il s'est esclaffé à nouveau et, cette fois, je l'ai accompagné.

– Ton grand-père était un sacré monsieur, a-t-il poursuivi. Je pourrais te raconter tant d'histoires, tant d'anecdotes… Dont plusieurs n'auraient d'ailleurs rien à voir avec sa noblesse d'âme ! Il pouvait se retrouver au cœur de disputes et de bagarres, et il pouvait boire comme aucun homme ne le pouvait !

– Grand-père ? Il ne buvait pas !

– Lorsqu'il est arrivé ici, il buvait dès qu'il avait un moment de répit. En revanche, à la fin de son périple dans notre pays, il ne touchait plus à l'alcool.

– Qu'est-ce qui avait changé ?

– Il m'a affirmé ne plus avoir besoin de boire.

J'ai repensé à la lettre que m'avait adressée mon grand-père. C'est probablement ce qu'il avait voulu dire lorsqu'il avait écrit que son « âme était guérie ».

Un soldat est apparu, portant un plateau.

– C'est maintenant à mon tour de lui offrir quelque chose. Durant ton séjour ici, c'est mon fils – qui s'appelle aussi Elijah – qui prendra soin de toi. Il dirige une entreprise qui organise des tours dans la région. C'est lui qui te mènera au sommet du Kilimandjaro. Je trouve cette aventure très excitante. Peut-être un jour tenterai-je moi-même l'ascension.

– Vous ne l'avez jamais fait ? lâchai-je sans réfléchir.

– Jamais. Pas plus que ton grand-père, d'ailleurs.

Je n'avais jamais pensé à cela.

– Ce n'est pas faute d'avoir essayé, a ajouté Elijah. Mais il n'a jamais pu terminer l'ascension et atteindre le sommet.

– C'est plutôt difficile à croire, ai-je répondu.

– Oui, c'est vrai, a-t-il repris. Il était si fort et si déterminé qu'il semblait pouvoir venir à bout de n'importe quelle aventure. Mais cette montagne… Elle fixe ses propres limites. Et pour certains, elles sont plus difficiles à dépasser. Comme pour lui. Maintenant, veux-tu un peu de thé ?

– Avec plaisir, merci.

Il a versé le liquide fumant dans une tasse et me l'a tendue.

– J'aurais pu faire l'ascension avec toi. Un dernier hommage à ton grand-père. Mais je ne peux pas. Je dois repartir immédiatement rendre ma sentence liée au procès que je présidais ce matin. Je te laisse cependant entre de bonnes mains et je serai présent à ton retour. Maintenant, terminons notre thé avant de poursuivre chacun notre route.

SEPT

Nous sommes sortis de l'immeuble pour nous retrouver dans la rue. L'air était chaud et sec. Enfin, j'étais à l'extérieur. J'avais finalement regagné ma liberté.

La rue était bondée de gens et d'automobiles, ces dernières zigzaguant et ne respectant aucune règle de circulation. En fait, elles semblaient ne suivre aucune loi de gravité ou de physique !

Juste en face de l'immeuble que nous venions de quitter se trouvait une limousine rutilante aux vitres noires teintées. On aurait dit un anachronisme dans ce décor. Un chauffeur se tenait à côté du véhicule.

– Je trouve tout à fait adéquat que ton grand-père ait choisi cette montagne pour toi. Connais-tu son importance dans l'indépendance de notre pays ?

– Non, désolé…

– Ne sois pas désolé. Même si je trouve cela triste à avouer, beaucoup de Tanzaniens en ignorent l'importance aussi.

Nous avons quitté le giron de l'Empire britannique en 1961. Notre tout premier président, Julius Nyerere, avait envoyé une mission à son sommet afin qu'un feu y soit allumé. Il avait alors dit : « Au sommet du mont Kilimandjaro, nous allumerons cette bougie qui brillera au-delà de nos frontières et qui portera l'espoir là où existe le désespoir, l'amour là où se trouve la haine et la dignité là où, auparavant, il n'y avait que l'humiliation. »

– C'est génial ! me suis-je exclamé.

– C'était un grand homme. Ce feu ne brûle plus là-haut. Mais il brûle encore ici, a-t-il dit en frappant du poing sa poitrine. Ce sont des hommes comme Nyerere et ton grand-père qui me servent de guides lorsque je rends la justice en toute intégrité. Notre pays a encore beaucoup à accomplir mais je sais que nous y parviendrons.

Ses mots m'ont fait frissonner le dos.

– Cela sonne tellement comme des propos que mon grand-père aurait pu tenir !

Le juge a posé une main sur mon épaule.

– C'est un merveilleux compliment que tu viens de me faire. Maintenant, laisse-moi te présenter mon fils. C'est tout près d'ici. Mon chauffeur va nous y conduire.

Il a fait un geste en direction de la limousine.

– C'est votre voiture ? ai-je dit, stupéfait.

– Elle appartient au gouvernement et cela me gêne. Pourquoi fournissent-ils de telles voitures aux juges alors que certains de nos enfants vont au lit le ventre vide, se rendent à l'école sans chaussures et doivent étudier avec très peu de livres ? On me dit que les juges doivent incarner l'autorité et que cette limousine représente l'autorité, mais je ne crois pas à la nécessité de ce type de symboles pour l'affirmer.

Il a adressé quelques mots en swahili à son chauffeur et la discussion qu'ils ont entamée ressemblait fort à une dispute.

– Quelque chose ne va pas ? ai-je demandé.

– Mon ami ici présent insiste pour que nous retournions immédiatement dans la capitale. Il est mon chauffeur depuis si longtemps qu'il s'imagine parfois être ma mère.

– Dieu merci, je ne le suis pas ! s'est exclamé le chauffeur dans ma langue. C'est déjà une tâche assez difficile d'être votre chauffeur sans avoir à jouer en plus le rôle de votre mère ! Nous devons retourner en ville tout de suite afin d'être seulement un petit peu en retard, plutôt que très en retard !

– Je sais que vous ne faites que votre devoir, mon ami, mais il ne s'agit que d'un tout petit détour, a affirmé Elijah.

– Je ne parle pas de la route à faire, mais plutôt du retard que nous accumulerons une fois arrivés. Vous parlerez à tout le monde et cela pourrait prendre des heures. Des heures dont nous ne disposons pas !

– Si ce n'est pas loin, peut-être pourrais-je simplement m'y rendre à pied, ai-je proposé.

– C'est juste au bout de la rue, a dit le chauffeur.

– Non, non, s'est exclamé Elijah. Ce ne serait pas convenable de le laisser marcher.

– Et il serait convenable pour vous de ne pas rendre de

jugement dans le procès d'aujourd'hui ? a rétorqué le chauffeur. N'êtes-vous pas l'homme qui répète à loisir qu'une justice retardée est une justice déniée ?

Le juge a pouffé de rire.

– Ce n'est pas de moi, mais oui, j'ai déjà prononcé ces mots. Je suis surpris de votre écoute attentive, mon cher ami.

– Tous, nous écoutons vos mots, monsieur.

– Pourquoi ne marcherais-je donc pas ? ai-je dit. Mes bagages ne sont pas lourds du tout !

J'ai pris mon sac autour duquel étaient attachées mes bottes de marche. Dans ma main se trouvait la canne ; sur mon dos, mon autre sac. Je portais encore les sandales que m'avaient remises les gardiens. Je les avais complètement oubliées.

Elijah a semblé hésitant.

– Je suis venu ici pour escalader le mont Kilimandjaro. J'imagine que je suis capable de me rendre au bout de la rue, ai-je dit en rigolant.

– Là, tu parles vraiment comme ton grand-père ! C'est vrai, c'est au bout de la rue. Tu verras le panneau avec la mention « Randonnées pédestres est-africaines ». Mon fils t'y attend.

Nous nous sommes serré la main. Le chauffeur a ouvert la porte arrière de la limousine et Elijah s'y est engouffré. La porte s'est refermée derrière lui.

– Merci pour votre compréhension, m'a lancé le chauffeur. C'est un grand homme mais, plus important encore, c'est un homme bon.

Il est monté à bord et la voiture s'est éloignée en vitesse, laissant un imposant nuage de poussière dans son sillage. J'ai regardé partir la limousine. J'étais seul. Enfin, seul à l'exception des centaines de personnes qui semblaient toutes m'observer.

Je me suis mis en marche pour m'arrêter quelques secondes plus tard, stupéfait. Pour la première fois, il m'apparaissait : le Kilimandjaro ! Il était là, fier, dominant l'horizon et le ciel. À sa base, des tons de vert laissaient place à des nuances de marron puis de noir. Puis le sommet, d'une blancheur éclatante, fait de neige et de glace éternelles. Il était majestueux, gigantesque et, pour la première fois, j'ai eu des doutes. Pourrais-je y arriver ? J'ai chassé ces idées du revers de la main.

Je m'apprêtais à traverser la rue lorsqu'une voiture a frôlé mon visage. La route était envahie de véhicules sauvages et aux mouvements hasardeux. Tout cela n'allait pas être simple. J'ai perçu une petite ouverture dans la congestion et je me suis rué au travers de la rue, me glissant entre un autobus surpeuplé, quasi en ruine et dont le toit était surmonté d'une cargaison de bagages improbable, et un gros tout-terrain occupé par des touristes qui s'en allaient probablement escalader la montagne.

Je suis parvenu indemne de l'autre côté de la rue. En plus des deux précédents véhicules, j'avais réussi à éviter un camion qui m'avait rasé de près en me laissant comme seul présent la fumée bleue et malodorante de son pot d'échappement. Les autres odeurs venaient des vendeurs de bouffe alignés les uns après les autres le long de la route et des ordures en feu. Je n'aimais pas particulièrement ces odeurs, mais je me disais qu'au moins on se débarrassait de tout ce qui traînait sur cette voie.

En quelques secondes, le paradoxe du lieu m'a sauté au visage. Les véhicules qui traversaient l'endroit en témoignaient. D'un côté, il y avait les Blancs dans leurs véhicules utilitaires onéreux, avec leurs bottes de marche hors de prix. De l'autre, se trouvaient les aborigènes dont la mise se résumait à moins que rien selon les conventions occidentales, les enfants déambulant souvent sans chaussures et vêtus de haillons. Les mots d'Elijah me sont revenus à l'esprit : « Les Blancs au sommet, le reste en dessous. »

Tout le long de la rue s'étendaient des échoppes et des kiosques itinérants qui vendaient un bric-à-brac imposant fait de colifichets et de souvenirs de pacotille. J'avais l'impression que tout ce qui était proposé aux éventuels clients se ressemblait : fausses perles et colliers, sculptures d'animaux d'Afrique, arcs et flèches, boucliers et cartes postales. Les souvenirs les plus notoires, destinés aux Occidentaux, étaient les tee-shirts affichant : « J'ai escaladé le Kilimandjaro ! » Ça me rappelait ces autocollants qu'on voit chez nous : « Cette voiture a grimpé le mont Washington ! » Des pommes et des oranges…

Je n'ai pas pu m'empêcher de réfléchir au fait que cette assertion – « J'ai escaladé le Kilimandjaro ! » – ne pouvait en aucun cas être produite en masse. Puisque, en réalité, peu de personnes atteignaient le sommet de la montagne.

Les vendeurs assis ou debout dans les kiosques ne cessaient

de m'appeler : « Hé ! Mzungu… Viens nous voir ! Bon prix ! Bon prix ! » Mzungu… Un nom pour l'homme blanc en swahili… Cela ne m'impressionnait absolument pas ! Je ne connaissais que quelques mots de swahili : *jambo* voulait dire bonjour… *samba*, lion… *rafiki*, ami… *hakuna matata*, pas de souci. Malheureusement, le film *Le Roi lion* demeurait ma référence ultime en langue swahili, ce qui n'était pas forcément une bonne chose…

Au milieu des kiosques et autres échoppes se trouvaient des enfants, âgés de sept ou huit ans, qui quémandaient quelques shillings. La plupart se montraient polis, mais d'autres n'hésitaient pas à m'invectiver. Ne pas connaître grand-chose de la langue swahili était finalement une bonne chose. Je marchais, les yeux fixés sur le chemin, feignant d'ignorer ce que j'entendais. Je ne pouvais donner à tous…

Mon argent était « entreposé » en sécurité dans la ceinture que je portais autour de la taille. Personne ne pouvait s'en emparer. J'en étais convaincu, mais afin de m'en assurer davantage, j'ai pressé discrètement de ma main libre ladite ceinture. Elle était toujours là.

La rue était en pente douce, légèrement ascendante, et même si elle était relativement courte, je ressentais tout de même un certain essoufflement à l'arpenter. J'ai ralenti un peu la cadence malgré moi. Le décalage horaire et le manque de sommeil produisaient sans doute leurs effets. Je regrettais aussi d'avoir emporté autant d'effets personnels. J'avais tout fait pour voyager léger, mais avec ce sac sur mon dos, cet autre dans ma main et la canne, bien sûr, c'était trop.

Tout juste devant moi, j'ai aperçu un jeune garçon qui zigzaguait entre les voitures. Il ne devait pas avoir plus de cinq ans et les véhicules, plutôt que de ralentir, se bornaient à klaxonner. Allez savoir comment, il a réussi tout de même à se frayer un chemin jusqu'à l'autre bord de la rue. Mais là, il s'est écroulé et s'est mis à pleurer. Il gémissait comme s'il avait été heurté par une automobile. Je me suis rué à son secours.

– Est-ce que tout va bien, mon petit ?

Il a levé le regard vers moi. Ses yeux se sont agrandis et ses pleurs ont repris de plus belle. J'ai fini par comprendre : il s'était ouvert le genou et du sang s'écoulait de la plaie.

– Voyons voir ce qu'on peut faire, ai-je repris.

Il semblait apeuré. Je lui ai décoché un large sourire :

– Je vais t'aider.

J'ai prononcé ce dernier mot d'une voix plus forte et très lentement. J'ai déposé mon barda sur le sol et je me suis accroupi à ses côtés.

– J'ai une trousse de premiers soins, ai-je dit en pointant du doigt sa blessure. Et j'ai suivi des cours de secourisme.

Il a stoppé net ses pleurs. Peut-être m'avait-il compris ? J'ai sorti de la gaze, une boule de coton ainsi que du peroxyde d'hydrogène afin de nettoyer la plaie. J'ai mouillé ensuite le coton avec une lotion antiseptique.

– Cela va piquer un peu, lui ai-je dit.

Bien sûr, il ne m'a pas compris.

– Cela fera... aie ! ai-je repris en faisant mine de toucher la boule de mon doigt.

Il a gloussé un peu.

J'ai entrepris de frotter doucement le petit genou avec le coton. Le garçon a grimacé, m'a retiré un peu l'accès à son genou, mais n'a pas pleuré, pas plus qu'il n'a crié. Une fois la plaie nettoyée, j'ai pris la gaze et je l'ai appliquée sur le genou en la faisant tenir grâce à deux morceaux de ruban adhésif.

– Et voilà, ai-je dit.

– Assante, a-t-il chuchoté, la voix encore pleine de sanglots.

Je lui ai souri. Je connaissais ce mot également : « Merci. »

– Karibo, you're welcome, lui ai-je répondu.

Il s'est relevé et est parti en boitillant un peu. Il allait probablement raconter l'histoire de ce grand mzungu qui l'avait soigné.

Après l'avoir regardé s'éloigner, je me suis retourné pour ranger ma trousse de premiers soins dans mon sac. Et là... j'ai constaté qu'il avait disparu. J'ai levé les yeux et j'ai aperçu un garçon qui s'enfuyait avec.

– Hé ! ai-je crié en me relevant. Arrêtez ce garçon !

Il galopait à travers la foule. Je me suis mis à courir à ses trousses. Saloperies de sandales ! Pourquoi n'avais-je pas remis mes chaussures de sport ou mes bottes de marche ? J'ai alors pensé : et mon second sac ? Le temps de regarder derrière moi, j'ai vu un autre garçon qui s'en emparait, ainsi que de la canne, et qui détalait… La canne avec les cendres de mon grand-père ! Je me suis arrêté en dérapant pour reprendre ma course en direction de cet autre garçon.

– Arrêtez-le ! Il a volé mes affaires ! ai-je crié de toutes mes forces.

Quelques individus se sont retournés, mais personne n'a tenté quoi que ce soit pour le stopper. Il me faudrait lui mettre le grappin dessus moi-même. Il avait déjà une bonne avance sur moi, mais il n'était pas bien costaud et le sac était plutôt lourd. Il ignorait également que j'étais un athlète – un athlète avec de trop petites sandales cependant. J'ai serré mes orteils, mais impossible de prendre de la vitesse ni de gagner du terrain sur le garçon. Je n'allais certainement pas le rattraper avec ce handicap. J'ai envoyé valser les sandales et j'ai continué ma course, pieds nus. Le sol était dur mais pas trop rugueux, et je commençais à le rattraper lorsque :

– Arrrgh !

J'ai crié de douleur. J'avais marché sur quelque chose. J'ai sauté à cloche-pied, attrapant mon pied blessé dans mes mains avant de réaliser que je ne pouvais en prendre soin si je voulais récupérer mes effets. Je me suis remis à courir. Une vive douleur m'a transpercé le pied, mais je devais continuer. Après tout, j'avais déjà joué au football avec de plus fortes douleurs que celle-là.

Devant moi, le garçon disparaissait puis réapparaissait au milieu de la foule. Je gagnais du terrain, mais pas assez rapidement. Mes jambes n'avaient plus de force et mes pieds étaient lourds. J'avais du mal à reprendre mon souffle. Il me fallait rattraper le garçon au plus vite. Je me rapprochais de plus en plus.

Il a tourné soudain et a disparu derrière un immeuble. J'ai fini par atteindre le coin où il avait bifurqué : plus personne ! J'étais seul dans la petite rue. Le garçon s'était évanoui. Tous mes effets aussi. La canne également…

Je me suis penché, les mains sur les genoux et les poumons en feu, tentant de reprendre mon souffle. Je tremblais, j'étais en sueur et j'avais envie de vomir. Mais cette sensation, aussi inconfortable fût-elle, n'était pas ce qu'il y avait de pire. Le pire, c'est que j'avais échoué : j'avais perdu la canne ! Je n'étais plus en mesure de réaliser les derniers souhaits de mon grand-père. Tout le monde allait le savoir. Qu'en penserait ma mère… mon frère… ma famille entière ?… Non ! Personne n'avait à le savoir ! Je leur dirais que j'avais réussi ! Personne ne me poserait de questions ! Je serais le seul à savoir ! Mais grand-père ? Lui, il saurait !

Je jonglais avec ces pensées lorsque j'ai aperçu la canne au milieu d'un tas de terre et d'herbes. Le voleur l'avait sans doute abandonnée là. Jamais je n'avais ressenti une telle joie de retrouver un objet.

J'ai regardé le ciel et j'ai déclaré : « Merci, merci ! Plus jamais elle ne quittera ma main ! »

Je suis sorti de la petite rue, à bout de souffle, les jambes flageolantes, une blessure sous l'un de mes pieds. Dans une main, je tenais la canne ; dans l'autre, la trousse de premiers soins. Au moins, j'allais pouvoir soigner ma plaie. Mon argent et mon passeport étaient aussi en sécurité dans ma ceinture.

Par contre, je n'avais plus aucun vêtement. Mes bottes de marche, mon manteau et mon téléphone portable n'étaient plus que des souvenirs, tout comme le nécessaire dont j'avais besoin pour l'ascension du Kilimandjaro.

HUIT

Je boîtais dans la rue, pieds nus, le souffle encore court et la sueur me dégoulinant sur tout le corps. Tous ceux que je croisais me dévisageaient, les locaux comme les touristes. Combien d'entre eux m'avaient vu poursuivre le voleur et revenir bredouille ? Enfin, presque bredouille. Entre mes doigts, le plus important était là : la canne de mon grand-père. Personne à l'exception de moi-même n'en connaissait la valeur. J'avais envie de la lever vers le ciel, comme un trophée que l'on brandit. J'ai plutôt choisi de me faufiler discrètement dans la foule, gêné et honteux. Je venais de me faire voler mes affaires par deux petits garçons de rue et je n'avais pas été assez fort, intelligent ou rapide pour les en empêcher. J'étais en Tanzanie depuis moins de deux heures et le bilan était plutôt négatif : je m'étais fait arrêter puis dépouiller. Quel départ !

Devant moi se trouvait l'une de mes sandales, la gauche. Je l'ai remise à mon pied. Ma coupure me faisait souffrir.

Au moins, la sandale m'offrait une protection. Après tout, je n'avais aucune idée du type de germes qui grouillaient sur le sol tanzanien. Je claudiquais gauchement à la recherche de l'autre chaussure. Elle ne devait pas être bien loin. Pourtant, elle se révélait introuvable.

Je devais cependant me rendre au bureau des Randonnées pédestres est-africaines. Peut-être l'avais-je dépassé dans ma course. Est-ce que je marchais dans la bonne direction ? J'ai fait une pause. Je devais reprendre ma contenance et mon souffle. Je ne comprenais pas pourquoi j'avais tant de mal à respirer. Bien sûr, j'avais couru. Bien sûr, il faisait chaud et humide. Mais je ne comprenais pas pourquoi je toussais et je crachotais comme un vieil homme. J'étais un jeune homme en pleine forme, mais je me sentais tout le contraire.

– Excusez-moi, ai-je lancé à deux touristes. Savez-vous où se trouve le bureau des Randonnées pédestres est-africaines ?

Ils m'ont regardé d'un air hébété et ont prononcé quelques mots qui me semblaient d'origine allemande.

– C'est par là, a répondu une voix derrière moi.

En me retournant, j'ai aperçu un vieil homme du coin. Son doigt pointait le haut de la rue. Dans son autre main, il tenait ma sandale droite. J'ai boitillé jusqu'à lui et il m'a tendu ma chaussure.

– Merci, lui ai-je dit.

– Votre pied est blessé ?

– Ce n'est rien, juste une égratignure.

– Les égratignures peuvent s'infecter. Vous devriez en prendre soin, comme vous avez pris soin du petit garçon tout à l'heure.

– Vous m'avez vu ?

– C'était très gentil de votre part, a-t-il dit en opinant de la tête. J'ai tout vu. Je suis tellement désolé. Si j'avais été plus jeune, j'aurais poursuivi l'un de ces deux voleurs et je vous aurais remis vos sacs.

– Ils couraient vite !

– Nous sommes un peuple de coureurs. Par contre, je vous en conjure, ne nous jugez pas à cause de ces deux gredins. Nous sommes aussi un peuple d'honneur.

Vraiment ? Je n'en avais pas vu la moindre trace tout à l'heure : personne n'avait tenté de stopper les deux garçons.

– Tout s'est passé trop rapidement, a expliqué l'homme. Sans cela, beaucoup de gens auraient tenté de les arrêter.

– C'est vrai que tout s'est passé rapidement. Le seul enfant que je pourrais reconnaître, c'est ce petit garçon que j'ai aidé. Et encore !

– Vous pourriez l'identifier grâce au bandage. Il en est probablement tellement fier qu'il ne l'enlèvera pas avant plusieurs semaines.

– Je pourrais peut-être demander à la police de rechercher un bandage dans ce cas.

– Je ne crois pas que le gamin ait quoi que ce soit à voir avec l'événement.

– Vous voulez dire qu'il est tombé par accident et que les autres étaient présents par hasard ?

– Aucun hasard ici. Les voleurs t'observaient, te suivaient. Ils n'attendaient qu'une chose : que tu baisses ta garde.

– C'était vraiment stupide de ma part. J'aurais dû faire plus attention.

– Tu faisais attention. Pas à toi, mais tu prenais soin du petit garçon. Je ne vois rien de stupide à cela.

– Je ne le ferai plus.

– Tu n'aideras plus quelqu'un dans le besoin ? m'a-t-il demandé.

Pendant un instant, j'ai failli laisser sortir un « non » retentissant, mais je me suis retenu. Mon grand-père avait toujours su apporter son aide aux gens dans le besoin.

– J'aiderai encore, mais je serai plus prudent à l'avenir.

– Parfait. Qu'ils t'aient dérobé tes biens est une chose ; c'en serait une autre s'ils t'avaient volé ta compassion. Maintenant, c'est toi qui as besoin d'aide. Je t'ai entendu dire que tu cherchais le bureau des Randonnées pédestres est-africaines. Est-ce là que tu désires te rendre ?

– Oui, s'il vous plaît.

– Ce n'est pas loin, mais plutôt difficile à trouver. Je vais t'y conduire.

– Non, c'est gentil, je vais me débrouiller.

– Voyons, jeune homme, laisse-moi te montrer.

Il a pris ma main dans la sienne. J'étais un peu déboussolé, mais je n'ai pas résisté. J'avais remarqué des hommes du coin qui marchaient main dans la main en se parlant.

– Tu es ici pour tenter d'escalader la montagne ?

– Pas pour tenter, mais pour réussir ! ai-je clamé.

– Ah, si jeune et si confiant, a-t-il rigolé.

– Je suis confiant !

– La confiance en soi est une bonne chose.

– C'est ce que j'ai toujours pensé, ai-je répondu.

Je savais parfaitement que certaines de mes anciennes petites amies, certaines personnes contre qui j'avais fait de la compétition et même mon frère auraient affirmé que j'étais davantage arrogant que confiant.

– Mais il te faut prendre garde de ne pas sous-estimer cette montagne, m'a dit le vieil homme.

– Ne vous en faites pas. Je partage la pensée de Henry Ford : « Si vous croyez pouvoir réussir, vous avez sans doute raison ; et si vous croyez que vous ne pouvez pas réussir, vous avez probablement encore raison. »

– Ce Henry Ford semble un homme sage. A-t-il déjà escaladé le Kilimandjaro ?

– Non, il fabriquait des voitures qui portent son nom. Il a presque inventé les modes de production modernes.

– Je connais ces voitures. Si on pouvait se rendre au sommet de cette montagne en conduisant une voiture, alors je te dirais que ce monsieur Ford avait raison. Mais c'est impossible. Sur dix personnes qui tentent l'ascension, seulement six en moyenne atteignent le sommet.

– Je serai l'un de ces six. Je suis jeune et en parfaite forme physique.

– Curieusement, ce sont les plus jeunes qui échouent davantage. Ils ne comprennent pas *polepole*.

– J'imagine que je ne comprends pas non plus. Po-li po-li ?

– C'est le mot swahili pour dire « lentement ». C'est la clé : il faut avancer lentement.

– D'où je viens, il est plus important de bouger rapidement.

– Peut-être, mais tu n'es pas d'où tu viens. Tu es ici maintenant.

Mes plans consistaient au contraire à faire vite : entrer, monter, descendre, sortir.

– Je peux battre cette montagne, ai-je ajouté.

– Oh non, c'est impossible, a dit mon guide en remuant vigoureusement la tête. Tu peux soumettre, mais tu ne peux pas vaincre le Kilimandjaro. Tu ne devrais même pas utiliser de tels mots. Tu ne veux quand même pas mettre la montagne en colère.

– En colère ? Mais c'est une montagne.

– C'est bien plus qu'une montagne, jeune homme. Elle est en vie.

Exactement ce dont j'avais besoin : un vieil homme superstitieux me tenant la main et me conduisant Dieu sait où.

– Sous ces rochers, son cœur bat, a-t-il poursuivi. Son sang coule encore. Lorsque le vent est favorable, tu peux même sentir son souffle, a-t-il dit avant de s'arrêter net. Peux-tu le sentir ?

Génial ! Superstitieux et complètement fou ! Il faisait sûrement référence à une sorte de mythe tanzanien selon lequel le Kilimandjaro était une personne ou un animal. J'osais espérer qu'il n'allait pas me raconter toute cette histoire. Je n'aimais pas les histoires, sauf si elles concernaient des choses ou des lieux concrets et qu'elles impliquaient préférablement la science ou les mathématiques.

– Prends une profonde inspiration… Sens ! m'a-t-il ordonné.

Je ne souhaitais qu'une chose : abandonner sa main et poursuivre seul ma route. Par respect, j'ai choisi de faire ce qu'il m'a demandé et j'ai inspiré à m'en faire éclater les poumons.

– Je ne sens rien. Attendez… le soufre… Ça sent le soufre.

– Oui, jeune homme. Le Kilimandjaro est un volcan qui sommeille, mais il n'est pas éteint. On sent le feu sous sa surface. À tout moment, il peut trembler et envoyer des rochers dans les airs. Les glaciers peuvent craquer et créer des avalanches.

– Oh, je comprends maintenant, ai-je répondu. Je croyais que vous vouliez dire que la montagne avait un esprit ou quelque chose du genre.

– Tout ce qui existe est animé d'un esprit et c'est pourquoi tu dois faire attention à ce que tu dis. Ne mets pas la montagne en colère. Je l'ai déjà vue dans cet état.

– Peut-être devrions-nous reprendre notre route, ai-je suggéré, tentant de changer de sujet.

Nous sommes repartis, ma main toujours dans la sienne.

– L'avez-vous déjà escaladée ? ai-je demandé à mon guide.

– Je suis un vieil homme. Cela doit bien faire dix ans que je ne l'ai pas gravie, et plus de soixante-dix depuis ma première fois.

– Alors vous l'avez escaladée plusieurs fois ?

– La première fois, j'avais onze ans et la dernière, plus de soixante. Mais je l'ai gravie beaucoup plus.

– Combien de fois ?

– Je n'ai pas compté exactement, mais je dirais cinq ou six cents fois.

– Vous voulez dire cinq ou six fois, n'est-ce pas ?

Il a remué la tête :

– Je l'ai déjà escaladée cinq fois dans le même mois.

– Quoi ?

– Non, j'exagère. Le plus de fois dans un même mois, c'est quatre.

– Alors c'est vrai ? Vous l'avez réellement gravie des centaines de fois ? me suis-je exclamé.

– Des centaines, oui. Probablement plus de cinq cents. Je n'ai pas tenu le compte et je n'ai pas atteint le sommet à chaque tentative.

J'étais de retour à la case départ : soit il était fou, soit il mentait.

– C'est difficile de croire qu'une personne ait pu escalader le Kilimandjaro autant de fois.

– Durant plus de quarante ans, j'ai conduit des gens au sommet. Au début, j'étais porteur, puis je suis devenu guide. J'ai dû arrêter en raison de mon âge. Les derniers temps, la montagne m'épuisait ; elle semblait chaque fois plus haute.

Après une pause, il a repris :

– En revanche, je crois que mes pas l'ont érodée quelque peu. Érodée, pas vaincue. Ah, nous y voilà ! a-t-il dit en lâchant ma main.

Devant moi se trouvait un petit panneau en bois sur lequel

on pouvait lire « Randonnées pédestres est-africaines ». Je ne l'aurais sans doute pas aperçu sans l'aide du vieil homme.

– Merci beaucoup de m'avoir mené jusqu'ici.

– Tout le plaisir a été pour moi. Je ne peux plus emmener des gens au sommet, mais je crois avoir été un bon guide aujourd'hui. Disons que j'ai été ton premier guide dans ton ascension à venir. Ici, ils vont bien te prendre en charge. Ce sont de bonnes personnes et de très bons guides. Et promets-moi de te souvenir : *polepole*.

– Je m'en rappellerai, lui ai-je répondu, ce qui ne voulait pas dire que je l'appliquerais.

– Ah, une dernière chose, a-t-il ajouté. Ces garçons qui ont volé tes biens ne l'ont pas fait par cupidité, mais par besoin. Cela ne les excuse pas, mais rend la chose moins mauvaise.

NEUF

J'ai ouvert la porte, et une petite cloche suspendue au plafond a tinté. La lumière du bureau était tamisée. L'air y était chaud et rance. La pièce était meublée de quelques bureaux, d'une table et de chaises de bambou.

Cependant, il n'y avait pas âme qui vive.

– Bonjour ! ai-je lancé.

Un bruit s'est fait entendre dans l'arrière-boutique et une jeune fille, qui ne devait pas avoir plus de douze ou treize ans, a sorti la tête.

– Jambo, a-t-elle dit, un large sourire fendant son visage.

– Jambo, ai-je répondu. Je suis…

– Tu es DJ. Mon grand-père m'a prévenue de ta visite.

– Est-ce que le juge Elijah est ton grand-père ?

– Oui, c'est le père de mon père. C'est un homme très important. Il nous a dit que ton grand-père aussi était un homme très important et que, pour cette raison, nous devons être aux petits soins pour toi.

J'aurais tellement souhaité que les garçons de tout à l'heure aient entendu les propos de cette jeune fille !

– Je suis Sarah.

– Enchanté de te rencontrer.

– Je dois t'emmener à ton hôtel. Où sont tes bagages ? m'a-t-elle demandé, l'air un peu interloqué.

– C'est tout ce que j'ai, ai-je répondu en montrant la canne et ma trousse de premiers soins.

– Mais tu dois bien avoir autre chose ?

– Oui, j'ai plus. En fait, j'avais plus. Je me suis fait voler mes bagages.

– Par qui ?

– Ils ne m'ont pas fait l'honneur de se présenter, ai-je répondu, un brin narquois. C'était des enfants. À peu près de ton âge. Ils m'ont tout dérobé à l'exception de cette canne, de mon argent et de mon passeport.

– Au moins, ils n'ont pas pris l'essentiel, a répliqué Sarah.

– Est-ce que ton père pourra m'aider à trouver les choses qui me manquent ?

– Oh, nous avons plusieurs choses ici : des manteaux et des chapeaux d'hiver dont tu auras besoin pour escalader la montagne, a-t-elle affirmé en fouillant dans des étagères sur lesquelles se trouvaient une foule de vêtements. Nous avons aussi des bottes de marche, mais tes pieds sont bien trop grands.

– Je chausse du 46 et mes pieds ne sont pas trop grands.

– Désolée, mais nous n'en possédons pas de cette taille, m'a-t-elle dit en regardant mes pieds.

– J'imagine que je pourrai me procurer de nouvelles bottes dans les magasins en ville.

– Tes pieds ne sont pas seulement trop grands pour nous, ils sont trop grands pour la ville entière. Aucune botte dans toute la Tanzanie ne fait cette taille !

– Allez, arrête de te moquer. Il doit bien y avoir un endroit où…

– Aucun endroit. Seuls les éléphants ont d'aussi grands pieds en Tanzanie ! Regarde les tiens et regarde les miens, m'a-t-elle lancé en pointant ses pieds. Tes pieds sont trop grands. Aucune botte ne te conviendra.

– Dans ce cas, je me contenterai de mes pauvres sandales.

– Pas question ! Tu ne peux pas escalader la montagne avec ça ! Aucun mzungu ne peut le faire. Que feras-tu en pleine tempête et dans la neige tout là-haut ? Tes pieds vont geler et on devra amputer tes orteils. Tu dois porter des bottes.

– Mais tu viens de me dire que je n'en trouverai jamais à ma taille !

– Dans aucun magasin, c'est vrai. Mais il y a peut-être une solution.

Après une courte pause, elle a repris :

– Je connais des gens qui récupèrent les objets appartenant aux touristes.

– Récupèrent ? Tu veux dire « volent » ? Tu sais qui a pris mes bagages ?

– Peut-être. Et peut-être pourrai-je les retrouver.

– Tu peux retrouver mes effets ? Et mes bottes de marche ?

– Les tiennes, je ne sais pas. Mais celles d'autres touristes, sans doute. Aucun Tanzanien ne porte de si grandes chaussures, mais un autre escaladeur, peut-être. Il se peut qu'ils aient récupéré des bottes presque à ta taille.

– Je ne veux pas de « presque ».

– « Presque » sera toujours mieux que ce que tu portes en ce moment. Et qu'est-ce qui est arrivé à ton pied ?

J'ai regardé mon pied et me suis aperçu que le sang coulait encore. Un petit filet s'échappait de l'une de mes sandales.

– Je me suis coupé en tentant de poursuivre les voleurs.

– Il faut soigner cette blessure.

– Je le ferai dès que j'aurai récupéré mes affaires personnelles.

– Non. Je vais d'abord te conduire à ton hôtel et soigneras ton pied.

– Je veux retrouver mes bagages d'abord.

– Non. De toute façon, je ne sais pas encore où aller. Ces voleurs n'ont pas pignon sur rue, tu sais. Je dois me renseigner. Et si tu m'accompagnes, on ne me dira rien. Je dois faire seule mes recherches pendant que tu seras dans ta chambre.

– Je suis incapable de demeurer assis à ne rien faire.

– Tu ne feras pas rien. Tu prendras soin de ta plaie. Ce n'est pas discutable. Je dois faire vite avant que tes affaires sortent de la ville et soient vendues ailleurs. Allons-y !

DIX

J'attendais sur la terrasse de l'hôtel, assis sur un canapé exagérément rembourré et dégustant une boisson gazeuse. J'avais soigné mon pied en en retirant un petit éclat de verre, en désinfectant la plaie et en l'enveloppant au mieux de mes capacités. J'avais ensuite lavé la sandale afin d'en retirer toute trace de sang. Lorsque je mettais mon poids sur mon pied, ce dernier était sensible mais je ressentais très peu de douleur.

Je m'amusais à écouter les conversations autour de moi. Il n'y avait que des touristes, à l'exception, bien sûr, du personnel. Plusieurs langues se faisaient entendre avec tout de même une nette prédominance de l'anglais, ce qui me permettait de comprendre la majorité des discussions. Au moins la moitié des touristes s'apprêtaient à gravir le Kilimandjaro. Quant à l'autre moitié, elle en revenait.

J'étais franchement étonné de voir qui avait réussi et qui avait échoué. Je me serais attendu à ce que les plus jeunes et les plus en forme soient parvenus au sommet de la montagne et que les plus vieux et les porteurs souffrant d'embonpoint se soient lamentablement effondrés. Ce n'était pas le cas. J'ai entendu un homme obèse et âgé – d'une cinquantaine d'années environ – raconter la réussite de son expédition, une cigarette à la bouche, tandis qu'un jeune homme à la stature athlétique était victime de railleries de la part de ses amis parce qu'il avait abandonné l'ascension en cours de route. Cela m'a fait un peu peur. Après tout, sa stature n'était guère différente de la mienne. Peut-être avait-il passé trop de temps à lever des poids et qu'il avait oublié l'importance du cardio.

J'étais également surpris par la moyenne d'âge des clients de l'hôtel. Il y avait des jeunes, bien sûr – même si, là, j'étais sans aucun doute le plus jeune –, mais il y avait aussi un grand nombre de personnes qui se trouvaient, selon mes critères personnels, dans une tranche d'âge bien supérieure à celle d'un grimpeur potentiel. Peut-être existait-il une allée spéciale pour les fauteuils roulants ? Ces touristes étaient sûrement là pour admirer les paysages ou pour encourager les plus jeunes dans leur ascension.

Vingt heures avaient sonné. La nuit était tombée et le moment du retour de Sarah était largement dépassé. Son « dans une heure » s'était transformé en trois grosses heures. Peut-être que les Africains ignorent combien de minutes compte une heure ! Moi, j'étais toujours ponctuel. Je détestais être en retard ou faire attendre les gens. Pire, je haïssais les gens qui me laissaient poireauter. Je considérais cela comme un manque flagrant de respect. Sarah essayait de retrouver mes voleurs, mais elle m'empêchait en même temps d'entreprendre moi-même des démarches pour me procurer ce dont j'allais avoir besoin. S'il était vrai que je ne trouverais pas de pointure 46, peut-être pourrais-je dénicher du 45 ou du 44, quitte à couper le bout des bottes pour laisser passer mes orteils. J'avais toujours su me débrouiller pour réussir, et cette expérience n'allait pas me faire déroger à ce principe.

– Salut DJ !

C'était Sarah.

– As-tu trouvé ce qu'il me faut ?

– Pas encore, mais je pense pouvoir faire quelque chose. En revanche, il me faut de l'argent.

– Combien ?

– Autour de quatre-vingt mille shillings.

J'ai failli hurler en entendant le montant, avant de faire mentalement la conversion : cela faisait environ cinquante dollars. J'ai sorti les billets de ma poche : j'avais soixante dollars. Le reste de mon argent se trouvait dans le coffre-fort de l'hôtel en compagnie de la canne et de mon passeport. Je ne voulais plus prendre de risques.

Sarah a saisi l'argent.

– Je serai de retour dans moins d'une heure, a-t-elle dit.

– Je viens avec toi.

Elle a remué la tête avec vigueur.

– Non, non ! Pas question ! Ce serait dangereux pour toi.

– Dans ce cas, c'est encore plus dangereux pour toi d'y aller seule. La sécurité, c'est le nombre.

– Ce ne serait pas sage pour toi de m'accompagner.

– Je n'ai pas le choix. Il faudra que j'essaie les bottes afin de m'assurer qu'elles me vont, ai-je répliqué tentant désespérément de trouver une bonne raison pour accompagner Sarah.

– Je ne pense pas…

– Écoute bien, ai-je ajouté en me levant pour la dépasser de plusieurs têtes. C'est mon argent, ce sont mes affaires, mes bottes de marche, et je viens avec toi !

– Très bien. Je ne discuterai pas, mais ne viens pas me dire ensuite que je ne t'aurai pas prévenu. C'est par là.

Mon idée, qui m'avait semblé brillante alors que je me trouvais sur la terrasse de l'hôtel, m'est apparue moins intelligente lorsque Sarah et moi avons emprunté de sombres et minuscules petites rues longées de huttes et de taudis. Soudain, elle a bifurqué dans une ruelle entre des maisons délabrées. Cette voie était encore plus étroite. À certains moments, je devais me placer de biais pour passer.

Tout le long de ces ruelles, il y avait des huttes et des petites boutiques, des kiosques composés de morceaux de bois, de métal usé, de carton et de plastique littéralement jetés les uns sur les autres. L'air était enfumé, d'une fumée si dense et si forte que je pouvais la goûter.

La seule lumière qui éclairait notre chemin provenait de lampes alimentées au kérosène soutenues par de petits piquets ou simplement déposées sur le rebord des fenêtres. La lueur de certaines s'échappait des petites fenêtres des masures. Dès que nous nous en éloignions, Sarah et moi nous retrouvions dans la pénombre la plus complète.

Bizarrement, cette noirceur m'apparaissait à la fois rassurante et inquiétante. D'un côté, je ne voyais presque rien ; de l'autre, on me remarquait moins. Un peu comme si ma peau blanche se faisait soudainement invisible. C'était prendre mes désirs pour la réalité ! Car chaque fois que la lumière tombait sur moi, j'avais l'impression que ma peau blanche me rendait phosphorescent. Il n'y avait aucune échappatoire. La réaction que je percevais chez les gens que je croisais me le faisait bien sentir. Leurs yeux s'écarquillaient à mon passage. Loin de se faire silencieux, ils se lançaient dans des discussions enflammées. Et bien sûr, le mot *mzungu* les ponctuait sans cesse.

De jeunes enfants formant une véritable procession me suivaient. Dès que je me retournais pour les regarder, ils s'arrêtaient net, se rentrant dedans les uns les autres, faisant mine de se disperser. Et dès que je reprenais ma marche, la procession se reformait. Je me rendais compte que la présence d'un homme blanc dans ce quartier et à cette heure relevait de l'amusement et du divertissement. J'espérais simplement ne pas avoir à vivre de plus grandes excitations, car je devenais de plus en plus angoissé.

Parfois, la voie s'ouvrait sur de minuscules « places » où grouillaient des « troupeaux » de poules et de coqs picorant çà et là, entourés d'une multitude d'enfants. Certains d'entre eux étaient assis sur le sol, d'autres jouaient au football avec un ballon fait de morceaux de plastique solidement attachés avec de la corde. Nous croisions aussi de nombreux chiens, tous identiques. Ils étaient tellement semblables que j'ai cru pendant un certain temps qu'il s'agissait chaque fois de la même bête, maigre et de couleur marron, et très craintifs comme s'ils s'attendaient à ce que je les fasse virevolter d'un coup de pied.

Sarah m'a entraîné ensuite dans un autre petit couloir extérieur. Savait-elle vraiment où elle allait ? Au moins, si nous devions nous égarer, un grand nombre de personnes étaient présentes pour nous indiquer la sortie de ce labyrinthe. Nous rencontrions un flux incessant d'individus qui déambulaient dans les deux directions. Qui plus est, d'autres, aussi nombreux, nous regardaient passer par leurs sombres portes et fenêtres. J'avais l'impression que tous les yeux étaient posés sur nous – sur moi – et j'étais heureux de savoir que mes effets les plus précieux étaient en sécurité à l'hôtel. J'aurais tout de même souhaité avoir la canne en main au cas où j'aurais à me défendre.

Un sentiment de claustrophobie m'envahissait de plus en plus en raison de la noirceur, de la fumée et de la taille de tout ce qui m'entourait. Pour être franc, je me sentais littéralement gigantesque. J'avais l'impression que je ne cessais de grandir au fur et à mesure que nous avancions, un peu à la manière de Gulliver dans le pays des Lilliputiens. Cette impression aurait dû me sécuriser, mais je me sentais au contraire plus visible. En plus, je me rappelais ce que les Lilliputiens avaient fait à Gulliver après l'avoir ficelé au sol.

Je gardais un œil sur Sarah tout en regardant partout autour de moi. Tout le monde m'observait. Elle s'est soudainement arrêtée et j'ai failli lui rentrer dedans ; certains de nos « suiveurs », eux, m'ont heurté involontairement. Je les ai dévisagés : leurs yeux se sont ouverts de frayeur et ils se sont mis à courir. Dans leur fuite, les plus grands se cognaient aux plus petits, lesquels tombaient parfois avant de reprendre leur course, créant ainsi un étrange flot de jeunes enfants. En dépit de tout – ou peut-être en raison de cela –, j'ai éclaté de rire, ma voix emplissant le décor.

– C'est ici, a clamé Sarah.

Je ne voyais que sa silhouette dans l'ombre, mais j'ai décidé de la suivre tout de même. Nous sommes entrés dans l'une des huttes et nous l'avons traversée et nous nous sommes retrouvés dans une petite cour peu éclairée. Sarah a serré la main d'un jeune homme qui devait avoir mon âge, mais en plus petit format. Ils ont échangé quelques mots que je n'ai pas compris, mais j'étais convaincu d'être l'objet de leur discussion. Le garçon semblait nerveux, ses yeux tournant dans tous les sens. J'ai eu l'impression qu'il s'apprêtait à déguerpir.

Leurs voix se sont bientôt faites plus calmes et plus douces. Ils se sont approchés de moi. J'ai regardé le garçon droit dans les yeux et il a détourné son regard. Aussi bref que fut ce contact, j'ai compris qu'il n'était pas une personne de confiance.

Il a fait demi-tour et Sarah l'a suivi. J'ai fait de même. Nous avons quitté la cour par une petite ouverture dans la clôture et nous sommes descendus le long d'une ruelle. Je me suis arrêté en dérapant. Nous faisions désormais face à une sorte de marché beaucoup plus éclairé. Devant nous, il y avait des étagères aux tablettes remplies de marchandises gardées par deux garçons du même âge que notre guide.

Du regard, je scannais le contenu des étagères. Il y avait des tee-shirts, des jupes, des jouets, des chaussures, des marteaux et des tournevis, ainsi que quelques sacs à dos, dont le mien. J'ai dû me faire violence pour ne pas crier ou me rendre à lui et m'en saisir. Un peu plus loin se trouvait mon autre sac et, juste à côté, mes bottes de marche. Toutes mes affaires étaient là. Ces garçons étaient-ils mes voleurs ? J'observais attentivement leurs visages pendant qu'ils parlaient, mais je ne les reconnaissais pas. Après tout, j'avais plutôt aperçu l'arrière de leur tête. Peut-être devais-je leur demander de se retourner. OK, c'était une idée stupide !

Sarah et le garçon se sont adressés aux deux « vendeurs » qui semblaient perturbés, sans doute en colère en raison de ma présence. Ils ont échangé des bribes nerveuses de conversation et m'ont envoyé des regards angoissés. Cela me procura une certaine satisfaction de savoir que je leur causais une forme de stress. S'ils tentaient de fuir, j'en profiterais pour récupérer mes biens.

Sarah s'est tournée vers moi :

– Ils disent qu'ils seraient très heureux de te vendre de la marchandise.

– Ils veulent me vendre mes propres affaires ? ai-je soufflé. Quelle grandeur d'âme !

– Oui, et ils te les vendront si tu leur offres leur prix.

– Leur prix ? Mais ce sont mes bagages !

– Ne crie pas. Ne les rends pas nerveux.

– Je me fous qu'ils soient nerveux !

– Oh, tu ne devrais pas. On veut que tout se passe de manière amicale.

– Tu veux que je fasse copain-copain avec ceux qui m'ont volé ? ai-je dit doucement.

– Je ne veux pas que tu deviennes leur ami. Je veux que tout se passe de manière amicale pendant que tu achètes les objets qu'il te faut.

– Je n'en reviens pas : tu veux que je rachète mes affaires.

– C'étaient tes affaires ; maintenant ce sont les leurs.

– Ce n'est pas juste ! ai-je protesté.

Sarah s'est tournée vers les trois garçons :

– Il est en train de décider ce qu'il veut acheter. Il dit que vous avez beaucoup de belles choses à vendre.

Les trois jeunes ont opiné, salué de la main et m'ont souri. Sarah m'a regardé :

– Ce n'est pas important si c'est juste ou non. C'est ce qu'il faut faire.

– Écoute, que se passerait-il si je prenais simplement mes bagages. Je suis plus grand et plus fort que ces trois garçons mis ensemble. En plus, nous sommes deux.

– Tu ne vois que trois d'entre eux, a-t-elle dit. Tout autour de nous, il y a beaucoup, mais vraiment beaucoup d'autres membres de leur famille de la rue. En plus, s'il y avait une bagarre, nous ne serions pas deux. Tu serais seul.

– Je sais que tu n'es qu'une fille, mais tu pourrais…

– Tu ne comprends pas, m'a-t-elle interrompu. S'il y avait une bagarre, je me rangerais de leur côté. Il n'y a rien de sage à épauler un fou et tu serais bien fou de risquer ta vie pour quelques shillings.

– Mais que fais-tu du principe de la chose ? Je te rappelle que tu me demandes de racheter mes bagages.

– Comme je te l'ai déjà dit, tes bagages leur appartiennent désormais. Tu as suffisamment d'argent pour les acheter, alors fais-le et disparaissons, a-t-elle chuchoté. Et sois heureux de pouvoir récupérer tes bagages.

– Et si nous allions voir la police, ai-je suggéré.

– Encore une fois, tu ne comprends pas. Dès que nous quitterons ce lieu, ils disparaîtront avec tes affaires. Tu ne les reverras plus jamais. Et même si tu trouvais la police, elle ne t'accompagnerait pas ici. Les policiers détestent venir ici le soir. Ils considèrent le lieu trop dangereux.

J'ai soudainement compris où j'étais et ce que nous étions en train de faire. Je ne faisais pas la queue chez Wal-Mart. J'étais dans un endroit dont la police avait peur.

– OK dans ce cas. Faisons un peu de shopping.

J'ai marché vers la première étagère sur laquelle se trouvait mon sac à dos, celui qui allait contenir mes effets pour l'ascension. J'ai farfouillé ensuite dans les objets divers à vendre. J'ai retrouvé mes pantalons de type cargo et cinq paires de chaussettes dont deux plus spéciales qui permettaient de garder chaque orteil séparé des autres. J'ai aussi mis la main sur mes chemises, mes chaussures de sport et, bien entendu, mes bottes de marche. Pièce par pièce, j'ai remis mes effets dans le sac jusqu'à ce que j'arrive aux bottes. Au moment où j'allais les prendre, un garçon s'est avancé vers moi et m'en a empêché en prononçant des mots que je ne comprenais pas.

– Il veut que tu les essayes afin d'être certain qu'elles sont à ta taille, m'a expliqué Sarah.

– Oh, je suis à peu près convaincu qu'elles m'iront. À moins que mes pieds n'aient changé de taille dans les dernières heures.

– Fais ce qu'il te dit, a insisté Sarah.

Un autre garçon est apparu presque instantanément, un tabouret à trois pattes dans les mains. J'y ai pris place et j'ai sorti une paire de chaussettes – l'une des miennes –, que j'ai enfilée directement après avoir envoyé valser mes sandales. J'ai ensuite chaussé les bottes. Le même garçon s'est adressé à Sarah, qui a traduit ses propos :

– Il veut savoir si elles te conviennent.

– Dis-lui qu'elles sont un peu petites et qu'il m'en faudrait des plus grandes.

Sarah a semblé abasourdie par ma réponse.

– Allez, dis-lui.

Sarah m'a fait un sourire sournois, puis elle a traduit ce que je venais de dire. Le garçon a paru tout aussi étonné qu'elle.

– Demande-lui s'il a une pointure plus grande. Je n'aime pas tellement celles-là.

Encore une fois, Sarah a traduit mon discours et le garçon a répliqué.

– Il dit qu'il n'en existe pas de plus grandes en Tanzanie et il pense qu'elles te vont parfaitement, comme si c'étaient les tiennes.

– Dis-lui qu'elles sont trop petites et plutôt laides, mais que je vais les prendre si le prix est correct.

Sarah a éclaté de rire avant de s'adresser au garçon, qui a pouffé à son tour. Il lui a donné une petite claque dans le dos.

– Il me dit que le prix sera bon parce qu'il t'apprécie. Il dit que tu es un bon mzungu.

J'ai lacé les bottes le plus fermement possible. Je n'avais aucunement l'intention de rendre ces bottes et je souhaitais avoir quelque chose de mieux que ces sandales dans mes pieds si d'aventure j'avais à courir.

J'ai encore fouillé les étagères afin de m'assurer d'avoir retrouvé tous mes effets. Ce que je ne pouvais enfiler dans mon sac à dos, je l'ai mis dans l'autre sac en toile verte. J'ai ensuite fait un rapide décompte mental en tentant d'évaluer s'il me manquait encore des objets. J'avais tout retrouvé, y compris ma lampe de poche spéciale que je pouvais installer sur mon front à l'instar des mineurs.

– C'est bon, j'ai tout.

– Parfait, nous allons maintenant négocier le prix.

Sarah et le garçon se mirent à parler ensemble. La discussion s'est animée rapidement. Visiblement, ils n'étaient absolument pas d'accord sur le prix qu'il allait me falloir payer. J'aurais aimé prendre part à la discussion ou, à tout le moins, pouvoir saisir les paroles. Le garçon s'est tourné vers les deux autres jeunes et il a entamé avec eux une conversation tout aussi bruyante.

– Je leur ai offert environ vingt mille shillings, m'a dit Sarah.

– Mais tu m'avais dit d'emporter…

– Tais-toi. Ne les laisse pas entendre le nombre. Ils comprennent ta langue lorsqu'on en vient aux chiffres. Nous négocions. Ils veulent cent cinquante mille shillings.

– Je n'ai pas autant d'argent sur moi.

– Et nous ne paierons pas ce prix. C'est ainsi que les choses se passent ici. Je vais les convaincre de baisser leur prix.

Sarah s'est retournée vers les garçons et leur a crié quelque chose qui les a fait instantanément éclater de rire. L'un d'eux a même failli tomber sur le sol.

– Que leur as-tu dit ? ai-je demandé.

– Je leur ai dit que, s'ils ne te vendaient pas les bottes, il leur faudrait trouver un éléphant à la recherche de chaussures ou encore les vendre à une petite famille qui pourrait s'en servir comme d'une hutte.

Le premier garçon est revenu vers Sarah et la discussion a repris de plus belle, une phrase suivant l'autre en un échange vif. Finalement, je les ai vus tous les deux opiner du chef et j'ai pu en conclure qu'ils en étaient venus à une entente.

– Donne-moi ton argent, m'a lancé Sarah. Et retourne tes poches à l'envers pour leur prouver que tu n'as rien de plus.

J'ai fait ce qu'elle demandait. Il y a eu encore quelques disputes et discussions jusqu'à ce que, enfin, Sarah leur remette mon argent. Le garçon m'a regardé et m'a lancé quelques mots. Sarah a traduit :

– Il affirme que ce fut un plaisir de faire des affaires avec toi et il espère que tu prendras grand soin de tes achats.

– Dis-lui qu'il n'est pas un bon…

– Je vais lui transmettre tes remerciements et ton appréciation.

Sarah et le « vendeur » ont échangé encore quelques phrases. Elle lui a serré la main, puis il a serré la mienne. Les garçons ont ensuite disparu dans l'obscurité.

– Toutes ces choses que tu vois ne leur appartiennent pas. Seuls tes effets étaient à eux et sont maintenant de nouveau à toi. Nous devons partir maintenant, et rapidement.

Je n'ai pas attendu une seconde invitation et nous avons quitté le petit marché. À la sortie, mon escorte de tout à l'heure m'attendait. Elle semblait avoir grossi en nombre. Les curieux se sont dispersés comme une volée d'oiseaux, nous cédant le passage. À peine avons-nous traversé cette nuée qu'elle s'est rassemblée à nouveau derrière nous. Sarah marchait très rapidement et je peinais à suivre son rythme. Au moins, nous marchions dans la bonne direction. Les lieux s'élargissaient : les ruelles, les immeubles et l'espace entre ces derniers. Nous sommes finalement arrivés dans une rue, une vraie, avec de vrais magasins. Des touristes déambulaient. Nous étions sains et saufs ; j'ai poussé un fort soupir de soulagement.

Sarah a ralenti et je l'ai rejointe :

– C'était un peu effrayant, lui ai-je dit.

– Si tu n'as pas eu vraiment peur, dans ce cas, tu n'as aucune idée de ce que nous venons de faire.

– J'imagine que non, mais, au moins, tout s'est bien terminé. Est-ce que la situation a failli déraper ? Les garçons voulaient davantage d'argent que ce que j'avais sur moi, n'est-ce pas ?

– Oui, ils voulaient plus, mais j'ai fait un pacte avec l'un d'eux. Si, par erreur, il devait se faire arrêter pour vol et être traduit en justice, il ferait appel à moi, la petite-fille d'Elijah, et je témoignerais en sa faveur pour dire à quel point c'est un bon garçon. Il serait ainsi acquitté dans la minute.

– Tu le ferais ?

– Je lui ai donné ma parole.

– Merci de faire tout cela pour moi. J'ai une dette envers toi, c'est sûr !

– L'une des meilleures façons de la régler consisterait à ne pas dire un mot à qui que ce soit de ce qui vient de se passer. Surtout pas à mon père. Il aurait une mauvaise impression de toi s'il savait que tu as perdu tes bagages, m'a-t-elle expliqué.

Allez savoir pourquoi, l'expression de son visage et le ton de sa voix m'ont fait comprendre qu'il y avait davantage dans son esprit que ce qu'elle venait de me dire. J'ai ajouté :

– Et tu ne voudrais pas que quiconque apprenne comment j'ai récupéré mes bagages, n'est-ce pas ?

– Nous serions tous les deux dans la merde, a-t-elle avoué. Surtout moi. Ce que nous venons de faire n'était pas vraiment brillant.

« Pas vraiment brillant ? » Je me demandais ce qu'elle voulait dire par là.

– Il y a quelque chose que tu pourrais faire pour me « rembourser », a-t-elle repris.

– Vas-y, dis-le-moi.

– Je voudrais que tu dises à mon père que tu souhaites m'avoir comme l'un de tes porteurs lorsque tu te lanceras à l'assaut du Kilimandjaro.

– Oui, pourquoi pas ?

– Je lui dirai que tu veux avoir quelqu'un de ton âge à tes côtés durant l'ascension.

– Quel âge as-tu ? lui ai-je demandé, convaincu qu'elle n'avait absolument pas mon âge.

– J'ai quinze ans.

– J'ai tout près de dix-huit. Nous ne sommes donc pas exactement du même âge.

– Peut-être pas, mais je suis plus proche de toi en âge que bien des porteurs. Je lui dirai donc que tu insistes pour que je t'accompagne.

– Pas de problème, tu peux lui dire que je veux que tu viennes avec moi.

– Pas que tu veux, mais que tu insistes. Je vais lui dire qu'il s'agit d'une demande expresse du petit-fils du meilleur ami de son père. Il ne pourra pas me refuser cela.

– C'est bon, dis-lui que j'insiste pour que tu gravisses la montagne à mes côtés. Je te dois bien ça.

– Merci.

– Et ce qui vient de se passer sera notre petit secret.

– Un secret, oui. Maintenant, allons à ton hôtel. Demain, tu rencontreras mon père et le groupe de grimpeurs qui t'accompagnera. Vous discuterez des détails de l'ascension.

J'ai songé que j'avais peut-être rencontré mes compagnons d'escalade parmi les clients de l'hôtel.

– Pour chacun des membres de l'expédition, il y aura deux porteurs. Avec un peu de chance, je serai l'un des tiens. Nous transporterons tes effets.

– Je t'ai dit que j'étais d'accord pour que tu m'accompagnes, mais je peux porter mes propres bagages.

En fait, j'étais plutôt costaud, et j'aurais pu la transporter elle, en plus de mes sacs.

– Tu transporteras tes sacs, mais nous serons responsables de la nourriture et de l'eau, de la tente et des sacs de couchage.

– Lorsque je vais camper dans mon pays, je porte tout ce dont j'ai besoin.

– Tu as déjà escaladé une montagne en campant ?

– Pas une montagne, mais j'ai campé et j'ai beaucoup marché autour du lac où nous avons l'habitude d'aller.

– Le Kilimandjaro n'est pas un lac, a-t-elle répliqué en souriant. Impossible pour toi d'atteindre le sommet sans porteurs. C'est d'ailleurs illégal de tenter l'expérience sans porteurs ni guides. Ce sont les règles.

« Ces règles existent sans doute pour assurer un travail aux Tanzaniens », me suis-je dit intérieurement. Ainsi, nul besoin de discuter.

– Parfait ! Et j'insiste pour que tu fasses partie de mon duo de porteurs.

– Tu dois tenir parole. Surtout en ce qui concerne notre petit secret.

– Tu as ma parole, ai-je dit avant de faire une pause. Je me demande à quel point c'est difficile de se rendre au sommet ?

– C'est plus ardu pour certaines personnes que pour d'autres.

Je n'étais pas plus avancé après cette dernière réplique.

– Est-ce que tu as trouvé cela difficile la première fois ? lui ai-je demandé.

– Cela n'a jamais été difficile pour moi.

– Tu as toujours atteint le sommet ?

– Je n'ai jamais échoué !

– Combien de fois as-tu atteint le sommet ?

– Je n'ai jamais atteint le sommet.

– Tu viens de me dire que tu n'avais jamais échoué !

– La raison pour laquelle je n'ai jamais échoué et jamais trouvé cela difficile, c'est simplement parce que je n'ai jamais escaladé la montagne auparavant.

– Quoi ?

– Mon père ne cesse de me répéter que je suis trop jeune et qu'en plus, je suis une fille. Maintenant puisque tu vas insister, il ne pourra plus refuser. Grâce à toi, je grimperai le Kilimandjaro pour la première fois.

– Mais, mais…

– N'essaie pas de te défiler ! Tu m'as donné ta parole ! Est-ce que ta parole veut dire quelque chose ?

J'étais coincé. Non seulement je me retrouvais impliqué dans un conflit familial, mais l'un de mes porteurs n'avait aucune expérience. Allais-je devoir transporter Sarah jusqu'au sommet ?

– Tiendras-tu parole comme tu l'as promis ? m'a-t-elle demandé.

– Je tiens toujours parole, lui ai-je répondu en opinant du chef.

ONZE

J'ai pénétré dans le réfectoire. Sur l'une des tables trônait un petit écriteau sur lequel on pouvait lire *Randonnées pédestres est-africaines*. Nous devions commencer notre réunion dans dix minutes mais, si je me fiais à ma courte expérience africaine, cela pouvait aussi signifier dans deux heures. Peu importe, j'étais à l'heure, ce qui voulait dire que j'étais en avance.

Je me suis laissé tomber sur une chaise en espérant ne pas avoir à attendre trop longtemps. Sarah m'avait prévenu qu'une fois la réunion terminée, nous préparerions nos bagages et effectuerions la première étape de notre ascension, soit nous rendre en voiture au camp de base situé à vingt kilomètres de l'hôtel. J'ai senti que le moment était propice pour envoyer un texto à ma mère afin de lui dire que tout allait bien.

Salut, maman et Steve. J'espère que vous allez bien. Ici, tout va bien. Me prépare à l'ascension. Prévois 2 jours pour monter et 1 pour redescendre. Reprends l'avion peu après et serai de retour à la maison dans moins de 5 jours. Ne vous inquiétez pas pour moi. Tout est parfait. À bientôt… Et petit frère, rappelle-toi : si tu as besoin d'aide, je ne suis qu'à un texto de toi.

J'ai appuyé sur « Envoyer » et j'ai imaginé le message partant vers l'autre bout du monde. Ma mère et mon frère ne le liraient sans doute pas avant un moment. C'était le matin en Tanzanie et le milieu de la nuit chez moi. Ce message serait sans doute une jolie surprise au réveil de ma mère.

Mais mon téléphone m'a averti que je venais de recevoir un message. Ma mère était sans doute encore éveillée. Ce n'était pas bon signe : elle avait de la difficulté à dormir depuis la mort de grand-père. Mais je me trompais, le message provenait de Steve.

J'accomplis ma tâche. Si TU as besoin d'aide, fais-le-MOI savoir.

Peu importait la teneur du message, l'essentiel était que mon frère ait commencé sa mission. Pour la terminer, ce serait une tout autre histoire. C'était probablement la raison pour laquelle l'ascension du Kilimandjaro m'avait été attribuée. Abandonner ne faisait pas partie de mon vocabulaire. En revanche, j'étais heureux de savoir que Steve ne s'était pas désisté.

Une femme âgée s'est approchée de la table. Elle m'était familière. Sans doute l'avais-je croisée dans les couloirs de l'hôtel. Elle était probablement ici pour un safari ou elle attendait que quelqu'un redescende de la montagne.

– Salut, mon cher. Heureuse de te revoir, a-t-elle lancé à mon attention. Je m'appelle Doris.

Me revoir ? Ah… cet accent. J'ai reconnu la dame qui attendait avec moi aux douanes.

– Heureux de vous revoir aussi, ai-je dit alors que nous nous serrions la main. Je m'appelle DJ.

Elle a pris place sur une chaise près de moi, sans doute fatiguée d'avoir traversé le réfectoire. Je me suis dit qu'il n'y avait aucun inconvénient à sa présence tant que mon groupe n'était pas complet.

– Tu dois être très excité de faire cette ascension, m'a-t-elle dit.

– Je le suis, oui.

– Je dois admettre que je suis un peu nerveuse aussi.

Je ne voyais pas pourquoi elle était nerveuse. Après tout, elle ne faisait qu'attendre quelqu'un.

– Il n'y a aucune raison, lui ai-je dit.

– Je suis certaine que tu dis vrai. Mais j'ai tout de même lu que plus de trente pour cent des personnes qui se lancent dans l'ascension du Kilimandjaro n'atteignent pas le sommet.

– Oui, j'ai lu ça aussi.

– On dit également qu'une dizaine de personnes meurent chaque année en tentant de gravir la montagne.

Cela, je ne le savais pas. Je me suis senti soudainement un peu nerveux. J'ai tenté de la rassurer.

– Je suis convaincu que la personne que vous attendez va bien.

– Mais je n'attends personne ! Je suis ici pour escalader le Kilimandjaro.

– Vous ? me suis-je exclamé. Mais vous êtes vieille. Enfin, je veux dire… Vous êtes plus vieille que la plupart des gens.

Elle a éclaté de rire. J'étais ravi de constater que je ne l'avais pas offensée.

– La plus vieille personne à avoir réussi l'ascension avait quatre-vingt-un ans, jeune homme. Et, au cas où tu ne l'aurais pas remarqué, je ne suis pas aussi âgée. J'ai soixante-sept ans.

Je ne savais pas quoi répondre. Je ne voyais guère de différence entre âgé et très âgé. En plus, cet homme de quatre-vingt-un ans avait dû être un athlète exceptionnel dans sa jeunesse, ce à quoi Doris ne ressemblait pas du tout.

En levant les yeux, j'ai vu Sarah s'approcher en compagnie d'un homme que j'ai présumé être son père. Elle nous a salués de la main en souriant, ce que l'homme n'a pas fait. Il avait plutôt l'air inamical.

– Voici mon père, m'a dit Sarah.

Je me suis levé d'un bond.

– Enchanté de vous rencontrer, monsieur, lui ai-je dit en tendant la main.

Il l'a prise et l'a serrée fortement, très fortement. Son air renfrogné s'est amplifié, puis il a lâché ma main.

– Et vous devez être Doris, a-t-il dit en se tournant vers ma voisine.

Il lui a souri et lui a serré la main.

– Mon nom est Elijah Odogo, a-t-il ajouté.

– Enchantée de vous rencontrer, monsieur Odogo, a répondu Doris.

– S'il vous plaît, appelez-moi Elijah.

Il a regardé sa montre et a repris :

– Il est temps pour nous de commencer. C'est dommage que nos autres compagnons ne soient pas encore arrivés. Je n'aime pas être en retard.

Cette dernière phrase devait faire de lui l'une des seules personnes en Afrique qui pensaient de la sorte.

– J'ai demandé à ma fille d'assister à notre réunion, car elle nous accompagnera dans notre périple.

– Comme cela doit vous faire plaisir qu'elle vienne avec vous, a dit Doris.

– Oui, c'est plaisant, a-t-il répondu sans que la moindre expression faciale ne démontre réellement son contentement. Nous allons débuter sans les autres. Si demain ils n'arrivent pas à l'heure fixée, ils se passeront de l'escalade.

L'homme a pris place sur une chaise, tout comme Sarah, qui avait une mine sombre.

– Je suis très heureux d'être votre guide pour l'ascension, a-t-il affirmé. Chaque grimpeur sera accompagné de deux porteurs. Ils sont tous très expérimentés et ils ont gravi la montagne des dizaines de fois... Enfin, à une exception près.

Il a regardé Sarah, puis m'a lancé un regard aussi inamical que tout à l'heure.

– Nous avons d'excellentes statistiques, a-t-il repris. Notre taux de réussite avoisine les quatre-vingts pour cent.

Cela m'a rassuré.

– Nous allons prendre la route de Machame. Du départ jusqu'au sommet, cela ne fait qu'un peu plus de quarante et un kilomètres.

Cela ne me semblait pas insurmontable : c'était moins qu'un marathon après tout. L'année dernière, j'en avais couru un en moins de cinq heures.

– Ce chiffre représente bien sûr l'ascension, pas la hauteur du sommet. Ce dernier se trouve à cinq mille mètres au-dessus de là où nous sommes assis présentement. Ce sont les changements d'altitude qui constituent les plus gros défis. Vous devez vous attendre à ressentir les symptômes du mal des montagnes, et ce, à divers degrés.

– Quels sont ces symptômes ? a demandé Doris.

– Maux de tête, essoufflement, nausées et une fatigue générale sont les premiers signes du mal des montagnes, ai-je répondu.

Elijah m'a regardé avec de gros yeux. J'ai repris :

– J'ai lu ces informations sur Internet. Ces symptômes ne me paraissent pas bien graves. Qui n'a jamais eu un mal de tête de sa vie ?

– Un mal de tête, oui ; le mal des montagnes, non, a-t-il rétorqué.

À la vue de son regard, j'ai cru bon de la fermer.

– Un léger mal des montagnes implique un mal de tête qu'aucun médicament ne peut apaiser. L'essoufflement se prolonge même si vous vous asseyez pour vous reposer. La nausée se transforme en vomissement. Quant à la fatigue, elle est si puissante que le grimpeur sent qu'il ne peut plus faire un pas.

– Pas vraiment agréable, a répondu Doris.

– Ça ne l'est vraiment pas, croyez-moi. Les symptômes les

plus intenses provoquent un mal de tête qui donne l'impression que votre crâne va exploser. Vous êtes incapable de vous exprimer de manière articulée, votre visage et vos lèvres bleuissent et d'étranges glouglous se font entendre dans votre poitrine au fur et à mesure qu'un liquide s'accumule dans vos poumons. Certains grimpeurs vont même jusqu'à s'évanouir.

– Est-ce que cela arrive souvent, ai-je demandé, angoissé.

– Ça arrive.

– Et que faites-vous dans ces cas-là ? a demandé Doris.

– La personne est ramenée d'urgence sur une civière au pied de la montagne.

– Et si elle n'est pas ramenée en bas ? ai-je dit.

– Elle meurt. Mais c'est très rare. Il y a moins de quinze décès par année.

– Je croyais que ce n'était que dix, ai-je répliqué.

– Remettrais-tu en question mes compétences ? m'a demandé monsieur Odogo en me fixant droit dans les yeux.

– Non, monsieur, c'est juste que…

– Crois-tu que tu es le guide ? s'est-il moqué.

– Non, monsieur. Je m'excuse, ai-je dit en baissant les yeux.

– Avez-vous dû ramener beaucoup de grimpeurs ? a demandé Doris.

– Beaucoup.

– Et des morts ? a encore questionné Doris.

Il a levé un doigt.

– Seulement un. Il y a très longtemps.

– Victime du mal des montagnes ? ai-je demandé.

– Malheureusement, oui. Mais ne vous en faites pas. Je vous surveillerai tous de près. Nous marcherons ensemble et personne ne va mourir. Cependant, certains n'atteindront pas le sommet.

Je savais qu'il parlait de Doris. Dans le fond, c'était peut-être une bonne chose qu'elle soit aussi vieille. Elle s'arrêterait sans doute rapidement et ne nous ralentirait pas longtemps.

– Vous donnerez chacun trois kilos de votre équipement à chaque porteur, a ajouté monsieur Odogo.

– C'est tout ? me suis-je exclamé. Cela ne me semble pas beaucoup.

– Ils vont également porter vos sacs de couchage, vos tentes, votre nourriture et les instruments de cuisson, a ajouté notre guide. C'est d'ailleurs la raison pour laquelle les porteurs doivent non seulement être jeunes mais aussi très costauds.

Il a fait une pause et j'ai eu l'impression que je savais d'avance ce qu'il allait ajouter.

– Malheureusement, certains porteurs peuvent être trop jeunes ou pas assez forts… Enfin, nous verrons.

– Y a-t-il une limite à ce que nous pouvons chacun emporter ?

J'avais posé cette question, car je pressentais que j'allais sans doute devoir porter certains objets trop lourds pour Sarah.

– Tu peux prendre deux cents kilos sur ton dos si tu veux. Enfin, si tu veux t'assurer de ne jamais atteindre le sommet.

– Qu'est-ce qui est idéal ? a demandé Doris.

– Je vous recommande de ne pas prendre davantage que cinq kilogrammes.

– Et si nous sommes plus forts ? ai-je demandé.

– Plus fort ne veut pas dire meilleur, a répliqué le guide. Tu transportes déjà beaucoup plus de poids que les autres. Tu es très, très lourd.

– Je suis un joueur de football.

– Tu n'as pas l'air d'un joueur de football.

– Si. Un joueur de football américain. Je suis secondeur.

– Ici, ton excédent de poids, qu'il soit fait de graisse ou de muscles, demeure un excédent de poids. J'espère simplement que tu ne nous ralentiras pas trop.

J'aurais voulu répondre à son attaque, mais j'ai eu la présence d'esprit de garder ma bouche fermée.

– Savais-tu que la plupart de ceux qui échouent sont de jeunes hommes dans la vingtaine ? a-t-il repris.

– Ah bon ! a lancé Doris. Et pourquoi donc ?

– Ils ont davantage de muscles ici, a-t-il dit en pointant son bras, et moins de muscles là, a-t-il ajouté en montrant sa tête. Ils vont trop vite et ils n'en font qu'à leur tête. Ils se comportent souvent comme s'ils en savaient plus que le guide.

Cette dernière partie de ces propos – en fait l'ensemble de ces propos – s'adressait clairement à moi. J'aurais voulu discuter, montrer mon désaccord, mais cela n'aurait fait qu'apporter de l'eau à son moulin. Je n'avais pas besoin de lui répondre quoi que ce soit, j'allais lui montrer de quoi j'étais capable. Il venait simplement de gonfler encore un peu ma motivation.

– Il n'y a aucune honte à ne pas atteindre le sommet, a-t-il affirmé.

Cette phrase visait Doris.

– Nous demeurerons flexibles durant l'ascension afin d'améliorer nos chances de parvenir au sommet. Je n'écarterai pas la possibilité d'une sixième ou d'une septième journée, mais nous allons tenter l'ascension en cinq jours.

– Pardon ! me suis-je exclamé. Vous croyez qu'il nous faudra cinq jours ?

– Probablement sept. Penses-tu avoir besoin davantage de temps ?

– Pas du tout. Je croyais au contraire que deux ou trois jours suffiraient.

– Tu ne réfléchis pas beaucoup, s'est-il esclaffé. Seul un Chaga peut monter au sommet et redescendre en deux jours.

– J'ai dit deux ou trois.

– C'est impossible. Veux-tu l'atteindre, ce sommet, oui ou non ?

– C'est exactement ce pourquoi je suis ici.

– Ton attitude explique la plupart des échecs des jeunes hommes. Et je ne peux me permettre de te voir échouer. J'ai fait une promesse. Tu devras écouter ce que je te dirai. Compris ?

Contre mon gré, j'ai opiné de la tête. De toute façon, je n'avais pas d'autres choix. Ce n'était pas comme si je pouvais atteindre le sommet sans lui. À moins que… Non, c'était impossible.

– N'oubliez pas : se rendre au sommet n'est pas obligatoire. En revenir sain et sauf, si.

Il s'est levé et a poursuivi.

– Rendez-vous demain matin à six heures dans le hall de l'hôtel. Je vous souhaite une bonne nuit et bonne chance, car vous aurez besoin des deux pour atteindre le sommet. Et d'une bonne dose d'humilité, a-t-il ajouté en me regardant.

J'ai acquiescé de nouveau pour ensuite aller manger et dormir.

DOUZE

Le camion a tourné, rebondi, serpenté, rugi et fumé tout le long de la route de terre qui nous menait au camp de base. Doris était assise à l'avant, aux côtés du chauffeur et d'Elijah. Sarah et les autres porteurs nous avaient devancés. Ils avaient apparemment marché le long de la route. Assis à l'arrière, avec moi, se trouvaient les trois autres membres de notre expédition. Ils n'avaient pas seulement manqué la réunion, mais ils avaient failli rater tout le périple. Ils se sont endormis dès que le camion a démarré et l'odeur d'alcool qu'ils exhalaient laissait penser qu'ils avaient fait la fête toute la nuit.

Les quelques minutes qui ont précédé leur assoupissement ont rendu évident le fait que leurs conversations n'auraient pas été du plus haut niveau s'ils étaient restés conscients. L'un d'eux parlait des bribes d'anglais, alors que les deux autres n'en connaissaient pas un traître mot. Tout ce que je savais d'eux se résumait à leurs prénoms – Tomas, Joki et Kaarl. Je savais aussi qu'ils étaient finlandais. Ils étaient jeunes et présentaient tous les trois une carrure d'athlète. Je me suis dit que nous serions peut-être quatre à atteindre le sommet à condition qu'il n'y ait aucun bar sur la route.

Entre les odeurs – le diesel du moteur et l'alcool de mes comparses –, les embardées et autres cahots, je commençais à me demander si j'allais parvenir à garder mon petit-déjeuner dans mon estomac. Il aurait peut-être mieux valu faire la route à pied. Si les porteurs le pouvaient, je le pouvais aussi.

Le camion a fini par s'arrêter et les vapeurs de diesel se sont dissipées. J'ai posé une main sur l'une des rampes et me suis levé au moment où monsieur Odogo est apparu et a ouvert le hayon du camion.

– Nous y sommes, a-t-il déclaré.

J'ai pris mon sac et j'ai sauté à l'extérieur. Les trois Finlandais peinaient à se réveiller. Monsieur Odogo s'est mis à leur parler pendant que je m'éloignais le long du camion. Enfin, j'ai tourné la tête et je l'ai aperçu : le Kilimandjaro ! Il couvrait tout l'horizon. J'en ai eu le souffle littéralement coupé. Le sol était couvert d'une luxuriante forêt d'un vert éclatant, qui servait d'écrin aux rochers marron, gris et noirs et qui laissait place en haute altitude à la blancheur des neiges éternelles.

Il était si haut, si gros, que, pour la première fois, la question a surgi en moi : allais-je réussir ? Allais-je pouvoir réaliser le vœu de mon grand-père ? Je ravalai mes questions. Il n'y avait aucune place pour le doute. J'ai détourné mon regard de la montagne. Il me restait une chose à faire avant de commencer.

Je me suis éloigné du groupe pour être seul. J'ai pris la seconde enveloppe que mon grand-père m'avait laissée. J'étais au pied de la montagne, le temps était donc venu de l'ouvrir. J'anticipais – ou plutôt j'appréhendais – ce qu'il avait écrit. Je voulais lire sa lettre, bien sûr, mais je prenais conscience aussi qu'après l'avoir fait il ne m'en resterait plus qu'une autre. Un dernier moment intime en sa compagnie.

J'ai pris une profonde inspiration et j'ai sorti la lettre de son enveloppe.

Bonjour DJ,

En ce moment, tu contemples probablement la montagne. La première fois que je l'ai vue, j'étais jeune. Pas autant que toi, certes, mais j'étais tout de même un jeune homme. Après toutes les horreurs vécues pendant la guerre, je ne croyais jamais pouvoir tomber sur quelque chose qui m'émerveillerait autant. Je n'arrivais pas à croire que quoi que ce soit pût être aussi grand, beau et paisible. Elle se tenait là, en silence. Le blanc rutilant du sommet se transformait en rochers gris et noirs en descendant, puis en forêt.

À près de 6 000 mètres d'altitude, c'est le point le plus élevé de ce continent, le toit de l'Afrique, la plus haute montagne isolée du monde. Son nom vient de la combinaison de deux termes swahili : kilima, *qui veut dire montagne, et* njaro, *qui signifie blanc ou brillant, en référence à la neige du sommet. Le peuple qui vit autour s'appelle les Chagas. Ils affirment que lorsqu'on se trouve au sommet de la montagne on se tient entre le Ciel et la Terre. Je connais tout sur le Kilimandjaro, mais je ne l'ai jamais escaladé. Je m'étais promis de le faire, mais je n'ai pas eu le temps. J'ai quitté l'Afrique abruptement et je n'ai jamais eu l'occasion d'y retourner. Je me suis longtemps dit que, parce que je l'avais survolé tant de fois, c'était comme si j'avais accompli l'ascension. Voilà une manière pas très brillante de justifier mon échec. Aujourd'hui commence ta vraie mission : me conduire au sommet.*

Je ne peux faire autre chose que d'imaginer ce que tu ressens. Je sais, en revanche, quels seraient mes propres sentiments : de l'excitation, de l'impatience ainsi qu'une bonne dose de peur et de doute. Puis-je atteindre le sommet ? La montagne va-t-elle me vaincre ou pourrai-je la soumettre suffisamment longtemps pour parvenir à son sommet ? Peut-être ne ressens-tu pas ces sentiments ; peut-être sont-ils encore plus virulents… Ne laisse pas le poids de mes cendres, ni celui de ma dernière volonté peser trop lourdement sur tes épaules. Ta tâche consiste à mener mes cendres tout là-haut, mais ce que je désire réellement, c'est que tu tentes l'aventure. Simplement en essayant, tu auras réussi ta tâche. C'est tout ce que je te demande. Non que je ne souhaite pas que tu atteignes le sommet, mais si tu l'atteins, ce ne sera pas pour moi, mais pour toi.

Il y a un dicton qui dit : « Si tu veux voyager vite, voyage seul ; si tu veux voyager loin, voyage en groupe. » Tu fais partie d'un groupe de grimpeurs entourés de porteurs et d'un guide. Voyage avec eux. C'est important, pas uniquement pour l'escalade mais pour la vie en général. Ne laisse personne derrière – ta mère, ton frère, tes cousins – sur le chemin de ton existence.

Durant l'ascension, je veux que tu prennes le temps d'admirer chaque moment, d'apprécier chacun de tes pas. Respire l'air pur, savoure les paysages, vis l'instant présent. Vas-y doucement, amuse-toi. N'espère pas aller plus rapidement et ne pense pas aux jours qui te séparent du sommet. Lorsque tu regarderas vers le haut, tu verras d'autres groupes de grimpeurs en avance sur toi. En te retournant, tu verras ceux qui te suivent. Ne plains pas ceux de derrière et n'envie pas ceux de devant. La vie est un périple, pas une destination ; chacun de nous doit avancer à son propre rythme. Je suis si heureux d'entamer ce dernier voyage en ta compagnie.

Plus important encore, souviens-toi à quel point je t'aime.

Grand-père.

« Merci grand-père, me suis-je dit à moi-même. Et ne t'en fais pas, je te mènerai au sommet. »

J'ai replié la lettre et je l'ai replacée délicatement dans son enveloppe. Je l'ai mise dans mon sac, juste entre la première et la troisième enveloppe. Il était temps d'y aller.

TREIZE

Sarah et les porteurs se partageaient les affaires qu'ils allaient emmener avec eux. Elle était tellement différente des autres qui étaient assignés à la même tâche ! Sarah n'était pas simplement la seule fille, ni la plus jeune, elle était surtout beaucoup plus menue. Si seulement j'avais su dès le départ ce que sa requête impliquait, je ne l'aurais jamais acceptée. Au-delà des attaques de monsieur Odogo, je me demandais si Sarah avait conscience de ce qu'elle avait exigé de moi.

Je regardais les porteurs discuter. En fait, ils semblaient plutôt se disputer. J'avais l'impression qu'ils ne parvenaient pas à définir qui porterait quoi. Sarah était au cœur du litige et elle rendait véritablement la monnaie de sa pièce à quiconque l'invectivait. La querelle s'est enfin achevée. Sarah et les autres ont rassemblé leurs affaires et ont rempli leurs sacs de toile avant de les soulever sur leurs épaules.

Mon second porteur, dont je ne parvenais pas à me souvenir

du nom, a placé une charge éléphantesque sur son dos. Je l'ai remercié de porter certaines de mes affaires sur lui. Il a grogné de manière inoffensive, s'est détourné de moi et a suivi les autres qui partaient à l'assaut de la montagne.

– J'imagine qu'il ne comprend pas ma langue, ai-je dit à Sarah.

– Il te comprend. Par contre, il ne t'aime pas.

– Et pourquoi donc ?

– Aucun des porteurs ne t'aime.

– Mais… Mais… Qu'est-ce que je leur ai fait ? Je les ai offensés ?

– Oh oui ! Tu les as vraiment offensés.

– Eh bien, dis-leur que ce n'était pas mon intention. Je suis vraiment désolé et je ferai tout pour réparer mon erreur.

– Je sais que tu ne cherchais pas à les blesser, mais tu ne peux plus rien réparer maintenant. Ce qui est fait est fait. Tu m'as donné ta parole.

– Tu veux dire que tout cela est le résultat de mon insistance à te voir parmi nous ?

– C'est ridicule, mais c'est vrai. Ils ne supportent pas l'idée que je sois la toute première femme à être porteur.

– Tu te moques de moi, n'est-ce pas ?

– Non. La première et la plus jeune également. Même les hommes ne deviennent jamais porteurs avant l'âge de seize ans. Habituellement.

– Mais je ne le savais pas ! Je savais que c'était ta première fois, mais je ne savais pas que tu étais la première femme.

– Si je te l'avais dit, tu n'aurais peut-être pas été d'accord.

– Tu t'es jouée de moi !

– Aucun jeu. Ce n'est tout de même pas ma faute si tu ne connais rien.

– Alors dis-leur que ce n'est pas ma faute, que c'est la tienne. C'est contre toi qu'ils devraient être en colère !

– Mais ils sont en colère contre moi ! Personne ne m'adressera la parole durant l'ascension. Ils espèrent que j'échouerai. Ils espèrent que nous échouerons tous les deux !

– C'est ridicule ! Surtout s'ils croient que tu n'es pas capable de faire ce travail parce que tu es une femme. D'où je viens, il n'existe pas de différences entre l'homme et la femme.

Elle m'a regardé, un peu estomaquée.

– C'est bizarre, a-t-elle répliqué. Est-ce que les hommes accouchent d'où tu viens ?

Je me suis senti rougir.

– Bien sûr que nous sommes différents… Tu sais… Nous avons chacun nos rôles, ai-je balbutié. Je voulais simplement dire que nous sommes pareils.

– Tu veux dire que vos femmes sont aussi grandes et costaudes que toi ?

– Non, non. Je ne connais aucune femme aussi grande et large que moi. C'est simplement que… J'ai l'impression que je ne m'explique pas correctement.

– C'est clair que tu n'es pas clair ! a répliqué Sarah en rigolant.

– Ce que je veux dire, c'est que nous sommes égaux… En tout cas, c'est ce que nous souhaitons. Les femmes sont aussi intelligentes et capables que les hommes.

– Pauvres femmes, c'est dommage pour elles.

– Et pourquoi donc ?

– Ici, les femmes sont bien plus brillantes que les hommes. Dommage que, dans ton pays, elles doivent se contenter d'être les égales des hommes.

– Très drôle.

– Pas drôle, réaliste. Ici, les femmes sont supérieures.

– Si les femmes sont supérieures, pourquoi ne les laisse-t-on pas devenir des porteurs ?

– Ici, les femmes utilisent généralement leur tête pour porter, pas leur dos. Je veux prouver à tous que je peux faire les deux. Mais mon geste ressemble à une menace pour ces porteurs.

– J'imagine que c'est la raison pour laquelle tu les laisses aux commandes. De cette manière, tu n'irrites pas leur précieux ego.

– Exactement. Nous, les femmes, sommes si malignes que nous laissons croire aux hommes qu'ils sont la tête. Nous, nous sommes le cou. Et c'est nous qui décidons vers où la tête va se tourner.

J'ai dû avoir l'air sceptique, car elle a ajouté :

– Je ne m'attends pas vraiment à ce que tu comprennes : après tout, tu es seulement un homme.

– Très drôle !

– Laisse-moi t'expliquer, a dit Sarah. Imagine un garçon et une fille nés le même jour. La petite fille sera la première à virevolter, à s'asseoir, à parler et à marcher. Bien sûr, le garçon finira par la rattraper. Il aura alors soixante-dix ans et le choc sera si intense qu'il en mourra.

– Tu veux vraiment que je croie à cette fable ?

– Bien sûr que non. Tu es trop jeune. Lorsque tu auras soixante-dix ans, là, tu comprendras. Et à ce moment-là, tu mourras. Maintenant, il faut escalader.

Cette discussion m'avait tellement distrait que je n'avais pas remarqué que nos compagnons avaient entamé leur marche. Je voyais devant moi la dernière personne de notre groupe, Doris, qui marchait vers le haut et qui disparut dans une courbe abritée par la forêt tropicale.

Sarah a pris le sac et l'a mis sur ses épaules.

– Laisse-moi t'aider, lui ai-je dit.

– Non ! Tu ne dois pas m'aider.

– Mais ce sont mes affaires que tu portes !

– Je suis ton porteur. Je suis censée porter tes affaires.

– Mais je pourrais t'aider.

– Tu ne peux pas m'aider, et ce, pour deux raisons. D'abord, si tu transportes tes affaires, tu donneras raison à tout le monde, à savoir qu'une fille ne peut pas être porteur. Je dois faire ma part.

– Et la seconde raison ?

– Tu ne peux pas porter tes affaires. Si tu le fais, tu n'arriveras jamais au sommet.

– Écoute, Sarah. Je suis deux fois plus grand que toi et probablement quatre fois plus fort, donc…

– Moi je suis une Chaga, a-t-elle interrompu. C'est mon héritage. C'est ce que mon peuple fait. Si j'échoue ou si tu échoues par ma faute, il n'y aura peut-être plus jamais de femmes porteurs sur cette montagne. Ni maintenant, ni plus tard. Je dois porter ma charge et me rendre au sommet.

– Nous y arriverons alors, lui ai-je promis.

– Dans mon cas, j'en suis certaine. En ce qui te concerne, je n'en sais rien… Nous verrons bien.

Elle s'est retournée et a entamé l'ascension pour rattraper notre groupe. J'ai pris mon sac à dos et je l'ai suivie. Je voulais parvenir à sa hauteur afin de poursuivre notre conversation, mais elle avançait trop vite. J'ai accéléré ma cadence. Du moins, j'essayais. La boue sur le sol était épaisse et je m'y enfonçais profondément à chaque foulée. Sarah portait davantage de poids sur son dos que moi, mais beaucoup moins sur son corps. Elle ne s'embourbait pas autant que moi. Elle semblait glisser sur le sol, alors que je labourais la terre. Je devais fournir un effort à chaque pas pour extraire mes bottes de la boue. C'était difficile, et je ressentais l'effort dans mes jambes, bien sûr, mais aussi dans mes poumons.

Sarah continuait sa marche, me distançant toujours un peu plus. Par contre, je rattrapais lentement mais sûrement Doris. Les trois Finlandais étaient loin devant, presque hors de vue. Ils marchaient rapidement.

J'ai décidé de changer d'objectif. Manifestement, je n'allais pas rattraper Sarah, mais je pouvais monter à la hauteur de Doris. Quel objectif : rattraper une aînée ! La seule façon de réussir à atteindre mon but consistait à placer la barre assez bas. Là, je la plaçais vraiment bas.

L'ornière boueuse dans laquelle j'avançais ressemblait à un

ruban brun-roux qui découpait en deux la forêt tropicale. Cette dernière était si proche du chemin et si dense que je suffoquais quasiment, un peu comme si elle aspirait l'oxygène hors de mes poumons. Cela n'avait pourtant pas de sens : les forêts libèrent de l'oxygène. En plus, je ne pouvais m'empêcher de songer à ce qui se trouvait à l'intérieur de cette forêt. Y avait-il réellement des léopards tapis au sol ? Ma tête pivotait dans tous les sens. La forêt commençait à légèrement envahir la piste que nous suivions. Si j'étais un léopard, c'est là que je me tiendrais, calmement assis, mais prêt à bondir.

J'ai jeté un œil devant moi. Doris avait disparu derrière une petite butte qu'elle avait dépassée. J'étais seul. Si un léopard surgissait, ce serait un duel que je ne pourrais évidemment pas gagner. Je ne pourrais pas non plus m'enfuir assez rapidement. Comme j'aurais aimé avoir une arme ! Je pensais à mon sac. Dans le cas d'une attaque, je pourrais lancer un rouleau de papier hygiénique ou donner un coup de canne. La meilleure solution, cependant, consistait à ne plus être seul. Je devais rejoindre Doris, non pas parce que je pensais qu'elle saurait me protéger, mais parce que, si je ne pouvais courir plus rapidement qu'un léopard, je pouvais détaler plus vite qu'une personne âgée.

Quelle horrible pensée ! Je ne pourrais pas abandonner Doris à son sort, mais... Enfin, peu importe, être avec quelqu'un me rassurerait un peu. Il fallait toutefois y parvenir...

Un fort bruit a retenti au-dessus de ma tête et j'ai sauté sur le bas-côté. Ce n'était qu'un tout petit singe qui s'élançait de branche en branche. Il semblait sourire, se moquer de moi. Valait mieux cela que de servir de dîner à un fauve.

J'ai enfoncé plus fortement mes bottes dans la boue, cherchant à accélérer et à rejoindre la petite butte. Enfin, j'y suis parvenu. Devant moi, j'ai aperçu Doris, écroulée sur le sol. Elle s'était effondrée ! J'ai couru vers elle pour finalement me rendre compte qu'elle s'était simplement assise par terre pour prendre une photo d'une jolie fleur dans la jungle.

– J'adore les fleurs, m'a-t-elle dit.

– Oui, elles sont belles.

– Je crois qu'en vieillissant, on apprend de plus en plus à s'arrêter pour humer leur parfum… et pour les prendre en photo !

– Mon grand-père adorait les fleurs.

– Adorait ? Tu parles au passé. Il est donc décédé.

– Tout récemment, oui.

– Et tu es ici ?

J'ai compris à l'expression de son visage qu'elle se sentait mal d'avoir posé cette question.

– Je comprends, a-t-elle poursuivi. Lorsqu'on planifie un tel voyage, il est difficile de tout annuler. Je suis convaincue que ton grand-père n'aurait pas voulu que tu rates une telle expérience.

– Je suis ici pour lui.

– C'est lui qui a préparé ton voyage ?

– Préparé et financé. Il s'agit de l'une de ses dernières volontés. Il m'a demandé d'escalader cette montagne et…

Je me suis arrêté brusquement. Je n'étais pas censé parler de la raison de mon périple à quiconque, mais j'avais besoin de me confier à Doris.

– Il m'a demandé de répandre ses cendres au sommet du Kilimandjaro. Elles sont là, dans cette canne, ai-je dit en pivotant légèrement pour qu'elle puisse voir l'objet bien arrimé à mon sac.

– C'est une très belle action que tu fais là.

Elle s'est relevée, s'est approchée de moi et m'a serré dans ses bras. Elle me faisait tant pencher pour atteindre mon cou que j'ai eu peur de lui tomber dessus. Elle était dotée d'une force surprenante. Elle a relâché son étreinte et j'ai pu me redresser. Doris n'était pas seulement âgée, elle était aussi petite, très petite.

– Il devait représenter beaucoup pour toi.

– C'était le meilleur, ai-je répondu en sentant des larmes monter à mes yeux.

– Je ferai tout en mon pouvoir pour t'aider.

Je n'ai pu m'empêcher d'avoir l'affreuse pensée que tout ce qu'elle pouvait faire pour m'aider consistait à laisser tomber cette ascension et, ainsi, à ne plus ralentir le groupe.

– Je sais que tu te demandes ce qu'une vieille femme comme moi peut bien faire pour t'aider.

Je me suis senti coupable.

– Non, ce n'est pas du tout ce à quoi je pensais, ai-je menti en essayant de me montrer convaincant.

– Je serai à tes côtés à chacun de tes pas.

– Merci. Et je serai aussi là pour vous.

Pourquoi venais-je de dire cela ?

– C'est très gentil, a ajouté Doris. Je crois que nous devrions maintenant reprendre notre ascension. Le sommet ne viendra pas à nous. Il ne faut pas oublier d'y aller polepole en revanche.

– Oui, lentement, ai-je chuchoté.

– Cela me vient plus naturellement qu'à toi à cause de mon âge, a-t-elle dit en rigolant. Mais rappelle-toi que la constance et la lenteur sont les deux clés du succès.

Je lui ai souri en opinant de la tête, et ce, même si je n'étais absolument pas d'accord avec elle. La lenteur ne m'avait jamais permis de gagner une course ou un jeu ou d'accomplir n'importe laquelle des tâches qui m'avaient été assignées dans le passé. Maintenant, en revanche, j'allais devoir marcher lentement pendant au moins une heure, que je le veuille ou non.

QUATORZE

La pénombre s'installait rapidement et de bonne heure. Il était seulement dix-huit heures trente et l'obscurité était totale. Les seules lueurs provenaient du petit feu de camp que nous avions allumé et des milliers d'étoiles qui parsemaient le ciel. Les trois Finlandais dormaient déjà. Je les avais entendus discuter depuis leur tente et le finlandais me semblait être une langue vraiment obscure : je n'y comprenais absolument rien. J'avais aussi écouté sans rien y comprendre les conversations entre nos porteurs. Ils parlaient le chaga et semblaient vivre une belle expérience. Ils s'amusaient. Ils étaient heureux et amicaux, sauf envers Sarah et moi. Aucun d'entre eux ne m'avait adressé le moindre mot ou le moindre regard. Mes affaires avaient été transportées, ma tente avait été montée, mon repas, préparé et tout le campement avait été nettoyé sans qu'un seul mot ne soit échangé. Seuls monsieur Odogo, Doris, Sarah et moi étions autour du feu. Les autres porteurs se tenaient au loin.

– Vous dites que nous venons de vivre l'une de nos plus dures journées ? a lancé Doris à monsieur Odogo.

– La plupart des gens pensent que c'est la deuxième plus difficile.

– Et quelle est la plus difficile ? ai-je demandé.

– Le jour où nous essayerons d'atteindre le sommet. Nous nous réveillerons à minuit et nous marcherons pendant six ou sept heures jusqu'au pic Uhuru. De là, nous verrons le soleil se lever par-delà le sommet.

– Magnifique, a poursuivi Doris. Je suis impatiente !

« Tu devras peut-être attendre dans ta prochaine vie », me suis-je dit intérieurement.

– Ensuite, a dit monsieur Odogo, nous entamerons la descente, ce qui devrait nous prendre entre sept et huit heures. Beaucoup pensent que cette étape est la plus simple. Mais pour certains, c'est la plus difficile.

Nous étions assis en rond autour du feu. Les conversations se firent rares. Sans doute le résultat de l'air qui se raréfiait et de la fatigue qui nous touchait tous. Je ne voulais pas l'admettre, mais notre randonnée du jour n'avait ressemblé en rien à une balade au parc. Non seulement j'étais fatigué, mais mon estomac m'envoyait d'étranges signaux. Il se faisait bruyant comme s'il voulait que je m'inquiète pour lui. Soit personne ne l'entendait, soit j'étais entouré de gens très polis qui faisaient la sourde oreille.

Je me suis levé tranquillement. Je devais aller aux toilettes. Encore une fois. Je me sentais franchement embarrassé.

Pourtant, il n'y avait pas la moindre raison pour que j'éprouve de la honte. Tout le monde avait besoin de se soulager. J'avais simplement l'impression que je le faisais plus souvent que les autres et davantage que je ne l'aurais voulu.

Je savais pertinemment que les gargouillis dans mon estomac allaient se transformer rapidement en grondements dans mes intestins, puis en explosion vous savez où. Chaque fois que les crampes dans mon ventre se faisaient sentir, il me fallait résoudre une équation : rapidement, je devais aller aussi loin que possible pour que personne ne remarque quoi que ce soit. Je ne devais pas aller trop loin non plus, car je ne voulais pas tomber en bas de la montagne.

Au moins, à notre altitude, la forêt tropicale était derrière nous, et les chances de rencontrer un léopard, un éléphant ou un serpent venimeux se faisaient plus rares. C'était en tout cas la petite conversation que j'entretenais avec moi-même dans le but de me rassurer un peu. Mon estomac m'a lancé un nouveau signal d'alerte. Encore une douzaine de pas et je pourrais m'asseoir à l'abri d'un rocher, loin des yeux de mes compagnons. Ceci dit, si le rocher était assez volumineux pour me cacher, il pouvait aussi dissimuler un léopard.

J'ai détaché ma ceinture, j'ai laissé tomber mon pantalon et je me suis accroupi. Je détestais cette position, mais quel autre choix avais-je ? Il n'y avait pas de W.C. sur la montagne. Et puis, s'il y avait une chose à laquelle je n'avais pas pensé avant cette aventure, c'était bien au fait d'aller au petit coin !

C'était pourtant devenu une sérieuse préoccupation. Il était amusant de constater que l'idée de ne pas atteindre le sommet ou de tomber au bas de la montagne me préoccuppait moins que celle d'avoir un accident dans mon pantalon.

L'air frais refroidissait mes fesses nues et je me sentais coincé. Avoir froid ne constituait pas la solution idéale pour faire vite ; et Dieu sait que je voulais faire vite. Être ainsi exposé aux éléments – pantalon baissé et aux aguets – me faisait me sentir extrêmement vulnérable. J'ai repris ma concentration et les choses se sont mises à rouler… Ou à courir plutôt. Aussi rapidement que possible, j'ai terminé ma besogne, incluant l'essuyage. Maintenant, il me fallait…

– Il faut que je te parle.

J'ai bondi sur mes pieds, ramenant mon pantalon là où il seyait. Monsieur Odogo était devant moi.

– Il faut que je te parle, a-t-il répété.

Il avait l'air de ses propos : renfrogné.

– Bien sûr, monsieur. De quoi voulez-vous me parler ? lui ai-je demandé alors que je luttais pour boucler ma ceinture.

– Sais-tu pourquoi je te conduis en haut de cette montagne ?

– À cause de mon grand-père, ai-je répondu en pensant aux cendres de ce dernier.

– À cause de lui et à cause de ce qu'il a fait pour mon père, a-t-il lancé.

– Oui, monsieur.

– Mon père m'a dit que ton grand-père était un grand homme. Est-ce que tu crois être un grand homme ?

Je ne savais pas quoi répondre. La question m'avait à la fois surpris et choqué. Monsieur Odogo a poursuivi :

– D'abord, tu n'es pas encore un homme. Ensuite, la grandeur d'âme ne t'a pas encore atteint, et peut-être ne le fera-t-elle jamais.

– Euh... oui, monsieur... Enfin, je veux dire non, monsieur.

– Crois-tu avoir le droit de venir sur cette montagne et de donner des ordres ?

– Je n'ai jamais donné d'ordres à qui que ce soit !

– Tu as demandé à ce que ma fille soit l'un de tes porteurs, non ?

– Je ne crois pas l'avoir vraiment demandé, ai-je répliqué.

Il m'a regardé d'un air interrogateur :

– Ma fille m'a affirmé que tu avais insisté pour qu'elle soit de ce voyage.

Tout commençait à prendre sens. Cette discussion avait un lien avec Sarah. Encore. Cette fille n'avait été qu'une nuisance depuis le début.

– Je ne lui ai pas réellement demandé... C'était davantage une invitation de politesse.

– Es-tu en train de traiter ma fille de menteuse ?

– Pas du tout, monsieur. Tout ce que je suis en train de dire, c'est qu'elle est vraiment... Vraiment... Vraiment déterminée.

– Elle tient ça de sa mère.

– Elle ressemble à la mienne !

Il a souri. Un peu. Ce qui valait toujours mieux que son air renfrogné de tout à l'heure.

– Alors, explique-moi pourquoi elle t'a demandé de poliment l'inviter à être l'un de tes porteurs ?

J'étais foutu. Je ne pouvais lui avouer la vérité sans briser le pacte que j'avais établi avec Sarah.

– Euh… Je crois que j'avais envie d'avoir quelqu'un de mon âge pour m'accompagner.

– Et quel âge as-tu ?

– Dix-huit ans… Dans quelques mois.

– Ma fille en a seulement quatorze. Ce n'est pas le même âge !

Il me semblait qu'elle m'avait dit qu'elle avait quinze ans…

– C'est plus près de mon âge que n'importe qui d'autre dans ce voyage.

– Quatre ans de différence. Beaucoup d'hommes ici épousent des filles qui ont quatre ans de moins qu'eux, m'a lancé monsieur Odogo.

– C'est aussi vrai dans mon pays.

– Est-ce ton intention, dans ce cas ? As-tu invité ma fille dans ce périple afin de lui demander de devenir ton épouse ?

– Non, bien sûr que non ! me suis-je exclamé.

– Tu te crois trop bien pour ma fille ?

J'étais estomaqué et trop surpris pour pouvoir répondre. Mais je devais réagir.

– Non, monsieur. Bien sûr que non ! Je ne suis pas trop bien, monsieur. C'est simplement qu'elle voulait vraiment devenir porteur… Et je voulais la rendre heureuse. C'est le fin mot de l'histoire, monsieur. Honnêtement !

L'expression du visage de monsieur Odogo n'a pas bougé

d'un iota. Son regard tentait de pénétrer le mien comme s'il avait voulu sonder mon âme. Il s'est approché de moi au point où nos deux poitrines se touchaient presque. Je luttais contre mon envie de reculer, et ce, même si j'avais un physique bien plus imposant que le sien, qui l'obligeait à lever la tête pour me regarder dans les yeux.

– Je pense que je te crois, m'a-t-il dit.

Un frisson de soulagement a parcouru mon corps.

– Mais il faut que tu saches que, même si tu es plus gros, plus grand, plus jeune et sans doute plus fort que moi, je demeure son père. Si jamais tu fais quelque chose qui la blesse ou la déshonore, je…

– Je ne ferai jamais rien de la sorte, monsieur.

Il a posé une main sur mon épaule :

– C'est bon à savoir, m'a-t-il dit en souriant. Cette montagne est très haute, très dangereuse et je ne voudrais pas qu'il t'arrive quelque chose de fâcheux durant l'escalade.

C'est mon estomac qui a répondu : un immense gargouillement, que lui et moi avons entendu.

– Je pense que tu as besoin d'un peu d'intimité, a dit le père de Sarah. Je retourne auprès du feu.

Il est parti. Quant à moi, j'ai pris une profonde inspiration et j'ai senti l'air frais pénétrer mes poumons. J'ai inspiré à nouveau. Puis je me suis senti épuisé. Je devais remonter à ma tente, me glisser dans mon sac de couchage et m'endormir avant de m'évanouir.

Mes intestins grondaient. J'avais une dernière chose à faire avant d'aller dormir. J'ai défait ma ceinture encore une fois.

– Peut-être devrais-tu attendre quelques instants avant de te laisser aller.

Je me suis retourné, mal à l'aise et une nouvelle fois surpris. C'était Sarah. Est-ce que toute la famille allait se succéder dans mes toilettes improvisées ?

– J'ai suivi mon père. J'ai tout entendu.

– Tu l'as entendu me menacer de me jeter en bas de la montagne ? lui ai-je demandé. Il le ferait, j'en suis certain.

– Bien sûr que non, a-t-elle répondu avec douceur. C'est un guide et il doit protéger tous ceux qu'il emmène là-haut.

– Oui, c'est ce que je croyais, il…

– Il attendrait d'être de retour au pied de la montagne avant de te faire du mal.

Une fois l'étonnement passé, je me suis dit que Sarah blaguait peut-être… Comment savoir ?

– Je te suis reconnaissante de ne pas avoir révélé à mon père la raison qui t'a fait me mener ici. Il aurait été franchement en colère s'il avait su que nous avons été chercher tes affaires chez les enfants de la rue.

– Je t'ai donné ma parole.

Il faut dire que je n'avais pas voulu non plus le mettre davantage en colère.

– Merci, a dit Sarah.

Elle s'est dressée sur la pointe des pieds et m'a embrassé sur la joue. Pourquoi avait-elle fait cela ? Si son père nous avait vus, je n'allais certainement pas sortir vivant de ce périple !

– Tu es beaucoup trop vieux pour moi, m'a-t-elle dit en tournant les talons.

J'étais sidéré, effrayé et mes intestins me lançaient un nouvel appel. Il allait vraiment falloir que je m'habitue à toutes sortes de surprises… N'importe lesquelles…

QUINZE

Doris et moi étions assis dans la tente où étaient servis les repas. Nous terminions notre petit-déjeuner. Les Finlandais avaient déjà quitté les lieux, ce qui n'était pas un mal en soi puisque la communication avec eux était pratiquement impossible.

– Tu ne manges pas ton gruau ? m'a demandé Doris.

– Appeler cela du gruau est un peu exagéré, ai-je répondu.

– Je dois admettre que j'ai rarement mangé ce genre de choses.

– Je n'ai même jamais vu de la nourriture de cette couleur, ai-je ajouté. On dirait du ciment gris.

– Oui. J'ai l'impression que c'est exactement le goût qu'aurait du ciment. Heureusement qu'il y a du sucre !

Elle s'est resservi une grosse cuillerée de sucre roux. Je ne l'ai pas imitée puisque, de toute façon, je ne mangerais pas ce plat.

– Même le sucre n'en changera pas la texture, ai-je dit. Cela ressemble à… à de la…

– Diarrhée ?

– Exactement !

Je n'avais pas osé prononcer le mot.

– Au moins, les œufs frits et les pommes de terre étaient bons, ai-je ajouté.

– Il serait difficile de rater ces plats ! Par contre, je ne suis pas certaine de savoir ce qu'est ceci, a dit Doris en soulevant une espèce de saucisse.

– Je me demande de quelle sorte de viande il s'agit.

– Je crois qu'il est plus sage de ne pas poser la question, a-t-elle répliqué.

Elle a levé sa tasse en disant : « Santé ! » Nos récipients de plastique se sont entrechoqués et nous avons terminé notre thé.

– As-tu pu entrer en contact avec ta famille ? a-t-elle demandé.

– Non, toujours pas de réseau, ai-je répondu en lui montrant mon téléphone. Je pensais qu'en sortant de la forêt, le contact serait rétabli, mais ce n'est pas le cas.

– Peut-être auras-tu plus de chance lorsque nous prendrons de l'altitude. En tout cas, nous serons plus près des satellites. Bon, nous devrions nous préparer à y aller.

– Oui. Ce n'est pas une bonne idée de faire attendre monsieur Odogo.

Nous sommes sortis de la petite tente. Les porteurs

s'affairaient à défaire le campement sous les ordres de monsieur Odogo et, manifestement, il ne lui était pas nécessaire de répéter deux fois la même chose. Je n'étais pas le seul à qui il faisait peur. J'aurais pu demander à l'un des porteurs ce que disait notre guide, mais je savais que je n'obtiendrais pas de réponse. Ces derniers continuaient de me traiter comme si j'étais invisible. Ils n'étaient pas méchants ni irrespectueux : ils ne me voyaient tout simplement pas. L'un d'eux a pris sa charge et s'est engagé sur le chemin. Les trois Finlandais le suivaient. J'ai compris que, tout comme hier, je n'aurais pas l'occasion de marcher en leur compagnie. Cela ne me dérangeait pas vraiment, d'autant que Doris était sympathique. En plus, elle parlait ma langue. J'aurais seulement souhaité qu'elle marche plus rapidement.

Ma tente était pliée et rangée. Mon sac était prêt et posé à l'emplacement où j'avais passé la nuit. J'ai mis mon bagage sur mon dos et j'ai eu une étrange pensée : et si je partais tout de suite ? Je pourrais ainsi rattraper les Finlandais…

– Sais-tu ce qui nous attend aujourd'hui ?

Doris était derrière moi, son sac sur le dos et un bâton de marche dans chacune de ses mains.

– D'après ce que j'ai lu dans le guide, je crois que nous allons définitivement sortir de la forêt et marcher dans la bruyère une bonne partie de la journée.

– Merveilleux ! La deuxième zone climatique de notre périple. Je suis convaincue qu'il y aura des fleurs.

– Nous ne marcherons que cinq ou six kilomètres, mais

nous gravirons près de huit cents mètres. J'ai l'impression que la pente sera abrupte.

– Oh, mon Dieu ! J'espère qu'elle ne le sera pas trop.

– Nous allons bientôt partir, a lancé monsieur Odogo. La section de parcours d'aujourd'hui est très exigeante.

– DJ m'expliquait qu'elle allait être particulièrement à pic, a dit Doris.

Monsieur Odogo m'a regardé d'un air interrogateur.

– C'est écrit dans mon livre, ai-je répondu.

– Penses-tu pouvoir te passer de moi, ton guide, parce que tu as un livre ?

– Bien sûr que non, monsieur. J'aime seulement savoir ce qui m'attend.

– Ce qu'il faut, c'est avancer polepole et demeurer ensemble, a-t-il répliqué.

– Je ne crois pas que c'est ce qui se passera.

– Quoi ? m'a-t-il demandé.

– Je ne crois pas que nous resterons tous ensemble, ai-je répondu en pointant un doigt vers les Finlandais.

Il s'est tourné vers eux et les a vus disparaître derrière une colline. Il nous a de nouveau regardés, l'air sévère.

– Mambiri ! a-t-il crié.

Sarah a accouru vers lui. Il s'est mis à lui parler et elle opinait de la tête à répétition. Ensuite, s'adressant à Doris et à moi, il a dit :

– Ma fille vous guidera. Je dois y aller.

Il s'est mis en marche, d'un pas encore plus rapide que ceux des Finlandais. J'aurais bien voulu bouger vite, moi aussi, mais j'allais passer une nouvelle journée polepole avec Doris, ma compagne de voyage, et Sarah, ma guide.

Le paysage se transformait autour de nous au fur et à mesure que nous avancions. Les derniers vestiges de la forêt de nuages avaient complètement disparu et la lande les avait remplacés. Des buissons et des plantes curieusement bâties, certaines assez hautes et tordues, parsemaient le paysage. Je n'ai pas pu m'empêcher de me dire que, si Docteur Seuss fabriquait des plantes, c'est à cela qu'elles ressembleraient. Je voyais également des rochers érodés par le vent, la pluie et le temps. Ils avaient des formes aussi bizarres que celles des plantes. Encore du Docteur Seuss.

Plus aucun arbre n'entravait notre vision et la montagne était désormais omniprésente, s'élevant devant nous. Lorsque j'étais plus bas, je ne pouvais regarder au loin en raison des denses feuillages. Maintenant, il m'était impossible de ne pas jeter mon regard au loin. La piste que nous arpentions avait beau être abrupte, elle n'en demeurait pas moins relativement constante. J'ai marché et marché encore jusqu'au moment où j'ai aperçu pour la première fois les fins doigts que formaient les glaciers qui semblaient s'écouler du sommet.

J'avais lu quelque part que les premiers explorateurs européens ne croyaient pas à l'existence du Kilimandjaro. Ils ne pouvaient concevoir la présence de neige tout près de l'équateur. Et pourtant, elle était là, si haut perchée. Une vision polaire en Tanzanie. Je me demandais quel type de température nous attendait là-bas. Depuis deux jours, je portais un tee-shirt et je transpirais à grosses gouttes. La neige semblait surréaliste, et ce, même si je la voyais clairement.

– Il est temps de faire une pause, nous a dit Sarah.

Malgré la fatigue, je ne souhaitais pas m'arrêter. J'avais aperçu d'autres grimpeurs devant nous, au loin, qui disparaissaient et réapparaissaient au gré des aspérités de la piste. Il s'agissait d'un autre groupe et j'avais l'impression que nous gagnions du terrain sur eux.

– Ne pourrions-nous pas continuer encore un peu ? ai-je demandé.

– Je suis tout à fait prête à poursuivre la route, a ajouté Doris.

– Alors, nous pourrions nous arrêter dans…

– Nous arrêtons maintenant ! a clamé Sarah en stoppant sa marche. Je suis le guide ! ajouta-t-elle en se tournant vers moi.

– Je croyais que tu étais porteur, ai-je dit.

– Pas étonnant que mon père te trouve contrariant, a-t-elle lâché.

Elle s'est débarrassée de son bagage. Ses deux sacs dépassaient chacun en taille et en poids celui que je portais. Combien tout cela pesait-il ? Je n'en savais rien, mais c'était assurément plus lourd que mon petit bagage. Sarah ne s'était jamais plainte, mais je l'avais vue trébucher à quelques reprises, ce qui me laissait croire que son paquetage était très pesant.

Nous avons sorti nos bouteilles d'eau et nous avons bu à

grandes lampées. Mon corps réclamait encore de l'eau alors même que j'en avais déjà avalé plus d'un litre. Le liquide étanchait ma soif et il semblait stabiliser mon estomac qui avait gargouillé toute la matinée. Le petit-déjeuner avait été un peu trop frugal. Si d'aventure on nous servait le même gruau le lendemain matin, je devrais suivre l'exemple de Doris et le saupoudrer d'assez de sucre pour le rendre mangeable. Peut-être parviendrais-je à l'avaler si je fermais les yeux !

– J'ai remarqué que ton père ne t'appelle presque jamais Sarah, a dit Doris. Il t'appelle Mambi… Mambir…

– Mambiri, a répondu Sarah. C'est mon nom de Chaga.

– Je sais que les noms chagas ont habituellement une signification particulière. Est-ce le cas du tien ? a demandé Doris.

– Il signifie melon mûr.

– Tu es un melon mûr ? ai-je dit en rigolant.

– Au moins, j'ai un nom. Toi, tu n'as que des initiales.

– Les initiales incarnent mon prénom. Je m'appelle David.

– Ça, c'est pour le D. Mais le J ?

– Junior. On m'a donné le prénom de mon grand-père et tout le monde s'est mis à m'appeler David junior, puis ça s'est contracté en DJ.

– Au moins, cela a un sens, a-t-elle dit dans un haussement d'épaules. C'est une bonne chose que de recevoir le prénom de nos ancêtres. Mon prénom est aussi celui de ma mère et de ma grand-mère. Nous, les Chagas, croyons que nous avons été créés dans un champ de melons. Alors il n'est pas rare de donner des prénoms qui font référence à cette croyance. Bien sûr, ce n'est qu'une légende. En Tanzanie, nous connaissons la différence entre les hommes et les femmes, et nous savons très bien comment se font les bébés, m'a-t-elle dit avec un sourire narquois.

– Tant mieux pour toi, ma petite Mambiri mûre, ai-je répondu à la blague.

– C'est un très joli prénom, a ajouté Doris. Verrais-tu un inconvénient à ce que je t'appelle ainsi désormais ?

– Je porte les deux prénoms, mais mon père adore lorsque les gens m'appellent par mon nom chaga. Peut-être pourrais-tu m'appeler comme ça aussi, a-t-elle dit en se tournant vers moi. À moins que mon père n'en déduise que tu as des visées sur moi.

– Super ! Exactement ce qu'il me faut.

– Je trouve dommage que DJ soit traité de la sorte, a lancé Doris. Je le trouve plutôt galant dans sa manière d'agir.

– Galant ? Je ne connais pas ce mot, a avoué Sarah.

– Cela veut dire brave, gentleman. Il sait traiter une jeune femme avec respect. C'était galant de sa part de t'avoir invitée à te joindre à nous, a expliqué Doris.

Je n'étais rien de tout cela – du moins pas en ce moment. Et ce n'était pas de la bravoure que d'avoir invité Sarah. Cela ressemblait plutôt à de la stupidité et à un manque total de compréhension de la situation. Si j'avais su tous les problèmes que mon invitation allait m'occasionner par la suite, j'aurais plutôt insisté pour qu'elle ne vienne pas. Doris ne savait rien du chantage que m'avait fait subir Sarah. Mais Mambiri, elle, était parfaitement au courant.

Nous nous sommes retournés lorsque nous avons entendu des bruits de pas qui s'approchaient de nous. Il s'agissait de cinq grimpeurs encadrés par deux guides. Trois d'entre eux semblaient avoir dans la vingtaine ou la jeune trentaine. Les autres formaient un couple dans la cinquantaine. Ils étaient âgés, mais pas autant que Doris. Je détestais l'idée de me faire dépasser, mais, au moins, les grimpeurs avaient pu voir Doris. Ils imagineraient que c'était à cause d'elle que nous prenions une pause. Notre arrêt était indépendant de ma volonté.

L'un des guides nous a lancé un vibrant *jambo* accompagné d'un large sourire. Il a ensuite vu Sarah et son rictus s'est instantanément évanoui. Il lui a dit quelque chose en chaga et l'échange qui a suivi ne semblait pas vraiment amical. Le guide à l'arrière du groupe n'a pas prononcé une parole, mais il paraissait tout aussi agacé.

– Je n'ai rien compris à ce que le guide t'a dit, a déclaré Doris, mais il ne semblait pas particulièrement affectueux.

– Que t'a-t-il dit ? ai-je demandé.

– Il avait entendu dire qu'il y avait une femme porteur sur la montagne, mais il n'y croyait pas jusqu'à ce qu'il me voie. Il m'a dit qu'il n'était pas vraiment surpris de me voir assise, puisque les femmes sont souvent assises lorsqu'elles font la lessive ou qu'elles cuisinent. Il m'a aussi dit qu'il n'était pas trop tard pour redescendre.

– Quel con ! me suis-je exclamé.

– Et toi, que lui as-tu répondu ? a demandé Doris.

– Je lui ai dit qu'il était sans doute incapable de réaliser l'une ou l'autre de ces tâches et qu'en plus il n'était pas assez beau pour attirer une femme qui les ferait pour lui.

– C'est sûrement ce qui a effacé son sourire, ai-je dit.

– Il a répliqué que je devais respecter mes aînés, ce à quoi je lui ai répondu que le respect se gagne et n'a rien à voir avec des dates sur un calendrier.

– Tu as une drôle de façon de te faire des amis, ai-je dit en blaguant.

– Mais qui voudrait de cet homme comme ami ?

– Tu sais ce qui serait bien ? ai-je ajouté. Reprenons notre marche et dépassons-les.

Sarah a souri.

– Quelle brillante idée ! a lancé Doris en se levant.

Le temps et la distance se confondaient. La marche d'hier avait été une petite balade en comparaison avec celle d'aujourd'hui. Ce qui la rendait encore plus exigeante, c'était qu'une heure et demie auparavant, nous avions vu notre point d'arrivée. Nous avions aperçu notre campement du soir sur un plateau. Ce que nous ne savions pas, par contre – Sarah l'ignorait aussi –, c'est qu'il nous fallait redescendre de trois cents mètres au fond d'une gorge avant de reprendre notre ascension vers le plateau. Et cette descente n'était pas facile. Ce qui la rendait encore plus ardue, c'était que chaque mètre vers le bas impliquait qu'il y en aurait un autre vers le haut. Je détestais cette idée.

La dernière partie avant d'atteindre le fond de la gorge était la plus complexe. Notre piste consistait en une petite coulée venant d'un glacier. Elle était suffisamment froide pour que des morceaux de glace jonchent le sol. La combinaison sous nos pieds était fort simple : de l'eau, de la glace et de la boue glissante. Génial ! À plusieurs reprises, j'ai failli me retrouver sur les fesses.

Notre détermination ne flanchait pas, surtout parce que nous voulions tous les trois rattraper ce guide arrogant et son groupe. J'aurais tellement voulu prendre une photo de son visage lorsque nous les avons dépassés, lui et son groupe, alors qu'ils s'étaient arrêtés pour déjeuner ! Nous nous sommes arrêtés quelques instants plus tard pour sortir notre repas de nos sacs et nous l'avons ingurgité tout en continuant notre route *polepole*. Cela ne me causait aucun désagrément, d'autant plus que je n'avais guère d'appétit.

Nous avons enfin atteint le fond de la gorge, qui n'avait rien d'une surface plane. Sarah n'a pas hésité une seconde et a repris la route vers le haut. Je me suis tourné vers Doris pour lui demander :

– Êtes-vous prête à entreprendre l'ascension tout de suite ?

– Jusqu'ici tout va bien, m'a-t-elle répondu.

J'étais heureux de poursuivre, mais je l'aurais été sans doute davantage si nous avions pris une pause. J'avais constaté que Doris demandait à s'arrêter juste avant que je le fasse moi-même. J'étais fatigué, mes jambes étaient lourdes et mon système digestif poursuivait sa symphonie de gargouillements.

C'est alors que Sarah a trébuché et qu'elle est tombée vers l'avant. J'ai couru à son secours alors qu'elle tentait de se relever. Elle s'est remise à genoux avant que je puisse l'atteindre.

– Tout va bien ? lui ai-je demandé.

– Désolée, désolée ! a-t-elle dit d'un air embarrassé.

– Tiens, prends ma main.

J'ai été surpris qu'elle s'en saisisse. Je l'ai ramenée sur ses pieds.

– Tout va bien, a-t-elle répété. Il faut continuer.

– Non, a dit Doris. J'ai besoin de me reposer. J'ai besoin d'une pause.

– Je suis d'accord, ai-je dit tout en retirant mon sac de mon dos. Laisse-moi t'aider avec ton paquetage, ai-je dit à Sarah.

Je l'ai aidée à retirer le premier sac. À ma grande surprise, elle n'a pas rouspété.

– Wow, mais c'est extrêmement lourd tout ça ! me suis-je exclamé alors que je posais le sac par terre et que je retirais l'autre, qui était tout aussi lourd. Je ne peux pas croire que tous les porteurs portent des charges aussi imposantes.

– Ce n'est pas le cas, a répondu Sarah.

– Certains en portent davantage ?

– C'est moi qui en porte le plus, a-t-elle dit en hochant la tête.

J'étais sous le choc et sans voix.

– Est-ce que ton père sait que les autres porteurs te demandent d'en porter autant ?

– Il le sait.

Je trouvais injuste que les autres porteurs traitent Sarah de la sorte et j'étais mécontent de savoir que son père accepte qu'elle subisse ce traitement. La situation me dépassait. C'était tout simplement méchant. Que monsieur Odogo me traite durement, c'était une chose, mais qu'il traite sa fille de la sorte, ce n'était pas très… galant.

SEIZE

J'étais fatigué, épuisé. Mes muscles étaient irrités et me faisaient mal. Mon estomac était à l'envers et j'avais été aux toilettes quatre fois. J'ai dû me forcer pour manger mon dernier repas de la journée. À part ça, tout allait bien. La seule chose qu'il me restait à faire, c'était d'aller me coucher. Il n'était que dix-neuf heures trente, mais la nuit était déjà tombée. Je me préparais à entrer dans ma tente pour me lover dans mon sac de couchage lorsque monsieur Odogo est arrivé dans le camp. Je devais lui parler avant de me mettre au lit. Il n'allait pas aimer ce que j'avais à lui dire, mais je devais le faire. De toute façon, qu'est-ce que ça changerait ? À part me balancer en bas de la montagne, il ne pouvait pas me traiter de pire manière.

– Excusez-moi, monsieur Odogo.

Il s'est retourné, m'a fait un signe de la tête et s'est approché de moi.

– Comment s'est déroulée ta journée ? m'a-t-il demandé.

Il semblait amical. Tant sa voix que son expression faciale et sa question signalaient un changement d'attitude à mon égard. Que se passait-il ?

– C'était bien. Difficile, mais bien.

– Mambiri m'a dit que tu te débrouilles très bien.

– Elle se débrouille très bien. Vous devriez être fier d'elle.

– J'ai toujours été très fier d'elle. C'est une excellente fille.

J'ai pris un temps de réflexion et j'ai décidé de me lancer :

– Alors pourquoi lui faites-vous porter une plus lourde charge que les autres porteurs ?

– C'est la façon dont les choses doivent être faites, a-t-il répondu.

– Parce que c'est la plus jeune, c'est elle qui doit transporter la plus lourde charge ? Je ne trouve pas cela très juste.

– Elle transporte davantage que les autres parce qu'elle est nouvelle parmi les porteurs. C'est la tradition : le nouveau doit porter la plus lourde charge. C'est une façon de faire ses preuves. Qu'elle soit ma fille ne change rien à la tradition. C'est ce qui est juste.

Il a fait une pause et a repris :

– Serais-tu encore en train de remettre en question mes décisions ou mes ordres ?

– Non. Enfin, je crois que je le faisais, mais j'ai compris grâce à vos explications. C'est seulement que c'est très dur pour elle.

– Ce n'est pas facile pour moi de la voir peiner, a-t-il répliqué. Mais c'est ainsi. Elle est chanceuse d'avoir un ami qui se soucie d'elle. Merci.

– Euh… De rien.

Il a posé une main sur mon épaule et a ajouté :

– Mais tu dois cesser de remettre en question mes décisions. Compris ?

– Oui, monsieur.

– Bien. Maintenant, va au lit. Tu as l'air épuisé.

DIX-SEPT

Doris se tenait tout au bout du campement, regardant au loin. Elle se trouvait là depuis un bon moment. Je voulais lui laisser son intimité, mais j'étais un peu inquiet. J'ai marché vers elle doucement et l'ai rejointe. Je me suis raclé la gorge pour lui signifier ma présence. Elle s'est retournée.

– Bonjour, DJ ! a-t-elle lancé.

– Il fait un peu plus frais que ce à quoi je m'attendais.

– Nous gagnons de l'altitude, a-t-elle répondu. J'étais en train de me dire combien mon mari, Samuel, aurait aimé être ici.

– Mon grand-père aussi. C'était son rêve d'escalader le Kilimandjaro.

– Samuel aussi en rêvait. Mais moi, non. J'imagine que c'est pour ça qu'il ne l'a jamais fait. Avais-tu déjà envisagé d'escalader cette montagne ?

– Non. Et je n'y aurais probablement jamais pensé sans mon grand-père.

– C'est un peu triste de songer que les deux personnes qui en avaient le plus envie ne l'ont pas fait et que les deux autres qui n'en rêvaient pas sont en train de le faire. Ainsi va la vie.

Je ne savais que dire, mais j'étais plutôt d'accord.

– C'est magnifique ! a-t-elle repris.

J'ai regardé au loin, là où elle plongeait les yeux. C'était extraordinaire, oui, mais je n'étais pas certain que j'aurais employé le mot « magnifique » pour décrire ce que je voyais. C'était nu, désolé, rempli de rochers. Seules quelques grappes d'arbres s'élevaient çà et là. Et, bien sûr, on apercevait le sommet.

J'envisageais la route à franchir pour parvenir à mes fins plus comme un obstacle que comme un objet de beauté. Puis j'ai repensé à ce que mon grand-père m'avait écrit : « Profite de chaque pas sur ton chemin. » Est-ce que cela s'appliquait à tout dans la vie ? Devais-je me réjouir d'aller chez le dentiste, d'avoir des maux de tête – j'en avais un puissant en ce moment –, d'assister à des funérailles ou de gravir une montagne ? Certes, j'avais des buts et des rêves. Mais escalader cette montagne n'en faisait pas partie. J'allais le faire, oui, mais me fallait-il en plus apprécier cette activité ? Pour moi, gravir cette montagne ressemblait davantage à une épreuve à traverser. Un peu comme un camp d'entraînement. Personne n'aime cela. Mais c'est un passage obligé pour pouvoir pratiquer un sport.

– Nos amis finlandais n'ont pas l'air joyeux ce matin, a dit Doris.

– Oui, ils ont l'air beaucoup moins enthousiastes qu'hier. Je crois qu'ils commencent à être un peu fatigués.

– Cela me rassure. Je pensais être la seule à l'être.

– Je me suis déjà senti mieux, ai-je avoué. Toute cette aventure m'épuise.

– Essayons de nous en sortir au mieux : il nous faut manger, boire, nous reposer et faire preuve de maîtrise de soi. Après tout, certaines personnes comptent sur nous, non ? On ne peut pas les laisser tomber, n'est-ce pas ?

– Non !

– On se prépare à y aller ?

– Le plus tôt nous y allons, le plus tôt tout cela sera terminé, ai-je répondu.

Polepole. Polepole. Polepole. Ce mot résonnait comme un mantra dans ma tête, d'autant plus que chaque porteur que nous croisions nous murmurait cette sage parole. Cela ressemblait un peu à de la raillerie. Car eux étaient chargés comme des mulets mais avançaient rapidement. Inutile d'en débattre avec eux, cependant. Ceci dit, je n'aimais pas ça.

J'avais tenté à quelques reprises d'accélérer le pas pour suivre un guide ou l'autre et pour distancer Doris, mais mes efforts avaient connu une série d'échecs répétés, mes jambes et mes poumons ne tenant pas le coup. Je détestais la situation, mais je n'avais pas le choix. Monsieur Odogo s'était un peu désintéressé des Finlandais, lesquels ne comprenaient pas grand-chose à ses conseils. Par contre, notre guide s'assurait constamment que je n'avançais pas trop vite. Au moins, au lieu d'avoir l'air d'un loser, j'incarnais le jeune homme qui écoutait les ordres – *polepole* – et qui prenait soin de Doris. Cela ne me demandait aucun effort d'être gentil avec elle. C'était une vieille dame très agréable. L'image était donc simple : c'était moi, une dame âgée et notre guide avançant dans la montagne.

Un peu plus tôt dans la journée, un autre sentier avait rejoint le nôtre. En gros, cela voulait dire que le nombre de groupes de grimpeurs avait doublé. Pas d'embouteillage en vue, mais nous rencontrions davantage de monde. Nous en dépassions parfois certains, alors que d'autres nous croisaient durant nos pauses. Mais ce sont surtout des porteurs que nous apercevions. Leurs chargements étaient impressionnants : des sacs, des barils, des chaises et des tables, de gros cartons remplis d'œufs, des réchauds à gaz et, surtout, des toilettes. Des vraies ! Elles m'étaient apparues aussi inutiles que merveilleuses. Je m'étais demandé s'il me serait possible de les louer.

J'aimais croiser les porteurs des autres groupes. Ils ne savaient pas qu'il ne fallait pas être amical avec moi. Ils nous saluaient, nous encourageaient et, en dépit de la sueur et de l'effort, ils semblaient heureux et souriaient. Ils se parlaient constamment entre eux, riaient de bon cœur et parfois chantaient.

– Le temps est venu de nous reposer, a lancé monsieur Odogo.

Je le remerciai intérieurement. Cela devait bien faire vingt minutes que je ne souhaitais qu'une chose : m'arrêter. Je ne voulais pas cependant être celui qui allait le demander. Nous avons posé nos sacs par terre et nous nous sommes assis sur des rochers. Il y avait toujours un rocher à proximité, prêt à nous accueillir.

– Nous allons prendre le thé de l'après-midi, a dit monsieur Odogo en sortant un thermos de son sac.

– Cela fait tellement civilisé, a lancé Doris en plaisantant.

– Mon grand-père avait l'habitude de dire la même chose, ai-je ajouté.

– L'une des meilleures choses que nous ont laissées les Britanniques, c'est le thé, a dit monsieur Odogo. Dommage que nous n'ayons pas de crumpets, de scones ni de marmelade pour accompagner la boisson.

– Lorsque nous serons de retour à l'hôtel, peut-être pourrons-nous partager le thé de l'après-midi, a suggéré Doris.

– Ce serait merveilleux, a répondu notre guide.

– Et nous porterons un toast à notre réussite, a-t-elle ajouté. La mienne, celle de DJ et, bien sûr, celle de Mambiri.

– Nous célébrons toujours avec ceux qui réussissent à atteindre le sommet, a dit monsieur Odogo.

– Quand avez-vous célébré votre première ascension ?

– Il y a très, très longtemps. Je n'avais que douze ans.

– Vous étiez plus jeune que votre fille, alors !

– Oui. J'ai gravi la montagne avec mon père.

– Cela a dû être très spécial d'accomplir cette escalade avec votre père, a ajouté Doris.

Monsieur Odogo a acquiescé de la tête et a souri. Il devenait de plus en plus évident de comprendre où Doris voulait en venir : elle essayait de faire de la présence de Sarah une bonne chose aux yeux de son père. Ce que je ne pouvais pas faire.

– Nous devons terminer notre thé et reprendre la route. Sans quoi, personne n'atteindra le sommet, a dit monsieur Odogo.

Je me suis levé d'un bond. Je n'étais pas vraiment prêt à repartir, mais je ne voulais pas que quelqu'un s'en aperçoive, surtout pas monsieur Odogo.

DIX-HUIT

La pression dans ma vessie m'a de nouveau réveillé. Cependant, je n'avais pas envie de me lever. Je me sentais au chaud dans mon sac de couchage et l'air extérieur était plutôt frais. J'aurais souhaité demeurer là et attendre que mon corps réussisse à réabsorber mon urine d'une façon ou d'une autre. Mais, je n'étais pas assez somnolent pour me convaincre que cela allait être possible. Tôt ou tard, je devrais me lever, et le plus tôt je le ferais, le plus vite je pourrais replonger dans les bras de Morphée.

J'ai rampé hors du sac et j'ai enfilé mes sandales. Je portais tellement de couches de vêtements que je n'ai pas pris la peine d'enfiler mon blouson. Il faisait très froid à cette altitude et le mercure allait chuter encore au fil de notre ascension. Lorsque j'ai allumé ma lampe frontale, toute la tente a été envahie par la lumière. La fermeture Éclair de mon abri a résisté un peu, puis s'est ouverte bruyamment, brisant un instant le silence de la nuit.

Je me suis extirpé de la tente et j'ai été accueilli par l'air froid. Un brouillard humide obscurcissait ma vue. C'était le même qui nous accompagnait depuis que nous étions arrivés au campement. En fait, ce n'était pas réellement du brouillard, mais des nuages. Nous dormions à leur niveau.

L'ampoule de ma lampe frontale a cessé de fonctionner et m'a laissé dans la plus totale obscurité. Tout ce que je pouvais distinguer, c'était ma tente, celle de Doris et le sol rocailleux. J'aurais pu être n'importe où. Heureusement, je n'avais pas besoin d'aller loin pour vider ma vessie.

J'ai fait un pas de côté entre les rochers pour me glisser entre les deux tentes. Dans ce brouillard épais, quelques dizaines de pas de plus auraient suffi à me perdre. Il m'aurait été facile de tomber en bas de la montagne ou d'être incapable de retrouver ma tente. Évidemment, je n'avais aucunement l'intention de prendre ce risque. Les tentes encore en vue, je me suis soulagé.

Mon urine sortait en un fort jet qui ne semblait pas vouloir s'arrêter. C'était parfait. De l'eau qui entre et qui sort : cela signifiait que j'étais bien hydraté. Je n'avais jamais autant prêté attention à mon urine. Et je ne me rappelais pas en avoir évacué autant. L'altitude la pousse littéralement hors de soi.

Je me suis rhabillé et j'ai dressé mentalement un petit inventaire de ma condition physique en commençant par les pieds. Tout était parfait, à l'exception d'une ampoule sur le petit orteil gauche et d'une ecchymose sur le gros doigt du pied droit, résultat d'un contact impromptu avec un caillou. La douleur était faible. Je n'avais d'ailleurs pas encore retiré ma chaussette pour examiner mon pied.

Ensuite, je suis passé à mes chevilles. Pas de foulure, d'entorse ou de tension. Mes genoux aussi se portaient bien. Ils me faisaient un peu mal, mais bon, c'était habituel chez moi. Le football américain n'est pas de tout repos pour cette partie du corps.

J'ai pris une profonde inspiration et mes poumons se sont remplis d'air frais. Aucun problème de ce côté-là ; l'air pénétrait naturellement. Les choses étaient différentes en cours d'ascension, mais tant que tout revenait à la normale lorsque j'étais au repos, je n'avais aucune raison de m'inquiéter.

J'ai ensuite placé une main sur mon cœur. Le battement était lent, régulier : aucun souci. Ma tête me faisait un peu mal. J'avais bien un petit élancement à la base de la nuque, mais je me rassurais en me disant qu'il s'agissait sans doute du résultat d'une mauvaise posture de sommeil plutôt que du mal des montagnes.

Bien sûr, j'étais las. Mais que pouvais-je espérer après avoir gravi près de deux mille quatre cents mètres de dénivelé et marché vingt-cinq kilomètres ! Je méritais d'être fatigué et le seul remède pour m'en remettre consistait à me rendormir.

Cette prise de conscience de mon corps, de chacune de ses parties et de leur fonctionnement respectif n'était pas habituelle chez moi. Prêter attention à la façon dont je mangeais, je dormais et j'éliminais, et m'amuser à inventorier chacun des « morceaux » de mon corps étaient des activités mentales auxquelles je ne m'étais jamais livré. Normalement, quand les gens sont autant préoccupés par leur santé, ils consultent un médecin ou un psychiatre. Sauf que rien de ce que je vivais à ce moment-là n'était normal.

Alors que je m'adonnais à cet examen physique, le ciel s'est éclairci et les nuages se sont dispersés. Je pouvais voir l'environnement plus distinctement. La lune était sortie du magma nuageux. Elle était presque pleine, lumineuse, blanche et brillante. Autour d'elle, de petits amas d'étoiles se sont mis à scintiller, remplissant le ciel et augmentant la lumière naturelle de la nuit.

Le petit plateau sur lequel nous nous trouvions était parsemé de neuf tentes. Tout au bout, au bord d'une dépression montagneuse, il y avait des latrines. Même dans la pénombre, elles n'avaient pas l'air très solides. En regardant dans la direction opposée, j'ai aperçu d'autres lumières venant non pas du ciel mais du sol. Elles provenaient de la civilisation. De la ville de Moshi, peut-être, qui se situait plus loin en bas. Très loin en bas…

Derrière moi, tout contre mon dos, se trouvait un mur de rochers. J'ai levé la tête, espérant en apercevoir le sommet qui se défilait dans la nuit. Il était si impressionnant que je ne pouvais en évaluer la hauteur. Je ne savais pas quelle direction nous allions prendre le lendemain matin, mais je savais vers où nous n'irions pas. Peu importe. Je devais regagner ma tente et reprendre le cours de mon sommeil aussi longtemps que possible, du moins jusqu'à ce que ma vessie m'oblige à sortir une nouvelle fois…

DIX-NEUF

J'ai pris une petite bouchée de gruau et je me suis arrêté net. Je ne pouvais pas avaler cette chose. Je ne m'y habituais pas. Ce plat ressemblait davantage à quelque chose que j'aurais dû évacuer plutôt qu'ingurgiter.

J'ai pris une seconde bouchée de ma « saucisse » et j'ai rapidement avalé une gorgée de thé afin d'évacuer toute trace gustative de gruau et de viande mystérieuse.

C'était notre troisième petit-déjeuner, notre troisième identique petit-déjeuner. Sarah m'avait prévenu que le menu ne changerait pas jusqu'à notre retour à l'hôtel. Une raison de plus pour en finir au plus vite. Je savais que si je perdais l'appétit, cela n'aurait rien à voir avec le mal des montagnes.

Il me restait une dernière tâche à accomplir : utiliser les latrines. J'ai quitté en toute hâte la tente et me suis retrouvé devant les trois Finlandais. Ils m'ont salué et souri. Ils étaient amicaux et joyeux, même si nous ne pouvions échanger aucun mot.

Je me suis approché des toilettes avec vivacité. C'était une petite construction bâtie juste au bord de la falaise. J'avais l'impression qu'une forte brise aurait pu l'emporter. Et ce n'était pas de la paranoïa. Monsieur Odogo m'avait dit que, deux années auparavant, une installation identique avait dévalé la pente, tuant du même coup l'homme qui s'y trouvait. Mourir emporté par des latrines amovibles ! Qui aurait pu prononcer une oraison funèbre sans rigoler ?

J'ai ouvert la porte. Évidemment, il n'y avait qu'un trou. Je ne m'attendais à rien d'autre, sauf que je me demandais ce que les gens d'ici avaient contre le fait de s'asseoir sur un siège pour faire ses besoins. Avec un pied, j'ai testé la solidité du plancher. Tout m'a semblé correct. Avec beaucoup d'hésitation, j'ai posé l'autre pied à l'intérieur et j'ai essayé de fermer la porte. Elle était bloquée. J'ai tiré plus fort. Le petit édifice a tremblé et la porte s'est refermée, m'emprisonnant à l'intérieur. J'ai résisté à l'envie de donner un coup de pied dans la porte et de sortir de là. J'avais des choses à faire et, à entendre mon estomac et mes intestins s'exprimer, ce ne serait pas long.

J'ai baissé mon pantalon et ma combinaison et, les deux mains posées sur les hanches, je me suis accroupi. Une brise fraîche remontait par le trou, ce qui ne rendait pas la chose plaisante, loin de là. Je tentais de me concentrer sur ce que j'avais à faire et d'oublier le trou, le courant d'air ou le fait que mon perchoir était près de rouler au bas de la montagne. Dieu merci, tout s'est passé vite. Le gruau sortait rapidement et je n'ai pas regardé pour voir s'il était toujours aussi gris. Je m'en foutais. Tout ce qui m'importait, c'était que ça sorte et tombe dans le trou plutôt que sur mon pantalon.

J'ai tendu une main pour récupérer le paquet de lingettes humides qui était dans ma poche et j'ai failli tomber vers l'avant. Être accroupi de la sorte ne faisait pas partie de ma routine quotidienne. Mes muscles n'avaient aucun souvenir de cette posture. Au moment où je terminais mon petit travail, quelqu'un a cogné à la porte. Je me suis levé d'un bond, j'ai remonté mon pantalon et j'ai tenté de sécuriser la porte d'entrée.

– Est-ce que tu as l'intention de passer la journée à l'intérieur ? m'a demandé Sarah.

– Et toi, as-tu décidé de me déranger chaque fois que je fais mes besoins ? ai-je rétorqué. Je te manque tellement que tu ne peux pas te passer de moi quelques secondes ?

Je l'ai entendue soupirer et déguerpir. J'ai remis mes deux couches de vêtements, puis mes jambes se sont mises à trembler et j'ai commencé à suer. L'anxiété, probablement. La subite présence de Sarah avait suffi à me faire peur. J'ai essuyé mon front avec la manche de mon chandail. Je devais me ressaisir et j'ai compris que la meilleure façon d'y parvenir consistait sans aucun doute à sortir de ce lieu afin de planter fermement mes pieds dans le sol.

La porte s'est ouverte, mes pieds se sont retrouvés sur le sol rocailleux et la structure de l'établissement de fortune a encore tremblé. J'étais soulagé, d'une tout autre façon cette fois-ci.

Les porteurs s'affairaient comme des fourmis à démonter le campement. Les tentes se dépliaient et mon sac à dos a été déposé à l'endroit où ma tente avait été érigée. J'ai remarqué que les Finlandais avaient déjà leur sac sur leur dos. J'ai enfilé le mien. Personne – en fait, ni Sarah ni son père – ne pourrait aujourd'hui m'accuser de ne pas être prêt à temps. J'étais prêt, plein de bonne volonté et presque en forme. Ce dernier point devait demeurer entre moi et moi-même.

Je me suis approché de monsieur Odogo qui criait ses ordres à droite et à gauche.

– Je suis prêt ! Peut-être devrais-je les suivre, ai-je dit en pointant un doigt sur les Finlandais.

– Peut-être devrais-tu faire ce que l'on te dit de faire. Veux-tu te rendre au sommet ?

– Bien sûr ! Mais ils semblent se débrouiller !

– Ils n'ont pas encore rencontré le mur.

J'avais déjà entendu parler de ces coureurs de marathon qui rencontraient « le mur », une panne d'essence du corps qui se produit habituellement entre le trentième et le trente-cinquième kilomètre. Monsieur Odogo faisait-il référence à cela ?

– Quand pensez-vous qu'ils frapperont le mur ? lui ai-je demandé.

– Dans une dizaine de minutes.

– Comment pouvez-vous en être aussi certain ?

– Le mur, m'a-t-il dit d'un air étrange en pointant devant lui la paroi rocheuse que j'avais observée cette nuit. Nous gravirons ce mur ce matin.

– Nous allons l'escalader ?

– Oui. À moins que tu ne connaisses d'autres chemins.

J'ai regardé le mur en question. À la lumière du jour, je pouvais le voir en entier, jusqu'en haut.

– Mais… Mais… Il doit bien faire deux cents mètres, ce mur !

– Deux cent quarante exactement.

J'ai tenté de cacher mes sentiments de peur et d'incrédulité. Il se foutait de moi, c'était évident.

– Je ne vois aucun sentier qui mène à ce mur, ai-je dit.

– Il y en a un, pourtant. Il est très étroit par moments, mais il est là. C'est le chemin qui mène au mur du petit-déjeuner.

– Le mur du petit-déjeuner ?

– Certains l'appellent le mur du Barranco, parce que c'est le campement du Barranco. Moi, je préfère l'appeler le mur du petit-déjeuner pour deux raisons. D'abord, parce qu'on l'escalade toujours après ce repas.

Il s'est arrêté.

– La seconde raison ? ai-je demandé.

– La plupart des gens ne conservent pas leur petit-déjeuner en l'escaladant. Nous verrons bientôt si tu fais partie de ce groupe.

VINGT

Je me tenais le plus près possible du mur de la falaise, m'éloignant ainsi du mieux que je le pouvais du ravin qui bordait le chemin. Les Finlandais, à qui monsieur Odogo avait demandé de rester avec nous lors de cette étape, regardaient de temps à autre vers le bas, pointant du doigt, rigolant et prenant des photos. Moi, je ne regardais pas. Je ne rigolais pas et je ne prenais aucune photo. J'avais besoin de mes deux mains pour agripper les rochers.

Le sentier serpentait le long de la falaise. Parfois, il était large et plat. À d'autres moments, il était si étroit et si abrupt que la chute semblait presque inévitable. Pire, chaque mètre parcouru rendait la chute potentielle plus mortelle. Encore que, vue la hauteur où nous nous trouvions, cela n'avait plus guère d'importance : tomber de cinquante ou de cent cinquante mètres, quelle différence ? En fait, nous devions nous situer à plus de cent cinquante mètres de dénivellation puisque nous avions gravi les deux tiers de la montagne.

C'était du moins ce que monsieur Odogo nous disait. Pouvais-je le croire ? Il sous-estimait sans cesse la distance à parcourir ou le temps restant. J'avais appris que vingt minutes pour lui signifiaient en général une heure. Je ne lui en voulais pas, cependant. Il disait ce que nous avions besoin d'entendre. C'était sa manière de nous encourager… Ou alors, il faisait référence au temps que nous aurions mis pour atteindre tel ou tel point si nous n'avions pas eu besoin de pauses. Or dans cette section du parcours, nous avions besoin de beaucoup de pauses.

Doris éprouvait de sérieux problèmes. Monsieur Odogo transportait son sac, la tenait par la main, l'aidait à traverser les passages plus difficiles, la protégeait du ravin. J'enviais presque Doris, même si je savais que monsieur Odogo n'aurait pas été assez fort pour m'empêcher de chuter. Il serait tombé avec moi et la mort aurait été notre dernier échange.

Doris a demandé une nouvelle pause. Je l'ai remerciée intérieurement. Pas simplement parce que nous nous arrêtions, mais aussi pour l'emplacement qu'elle avait choisi. Le sentier était large, plutôt plat et nous n'avions aucune difficulté à nous adosser à la falaise. Doris s'est choisi un siège et je me suis écroulé à ses côtés.

– Comment vous sentez-vous ? lui ai-je demandé.

– Lente, mais constante. Par contre, je ne vois pas beaucoup de fleurs. Leur parfum me manque.

– C'est peut-être le temps de prendre des photos des rochers, lui ai-je suggéré.

– Si c'était là mon but, je ne manquerais pas de modèles ! a-t-elle répondu en rigolant.

J'ai sorti ma gourde et j'ai laissé une énorme rasade d'eau couler le long de ma gorge. Je regagnais mon souffle, mais je sentais mon cœur battre la chamade. Mes poumons appréciaient la pause à sa juste mesure, mais pas mon cœur. Il se sentait encore en danger le long de cette falaise. La peur, une peur réelle. Pourquoi mon grand-père avait-il envoyé ici son petit-fils qui craignait l'altitude ?

– Cette aventure, c'est un peu comme avoir un enfant, a soudain dit Doris.

– Vraiment ?

– Oui. Au sens où c'est un travail énorme. Au début, on sent des contractions, l'une après l'autre ; puis elles deviennent régulières. Quoi qu'il en soit, on doit aller jusqu'au bout.

– J'imagine que je ne peux que vous croire, ai-je répondu dans un rire nerveux.

– Promets-moi d'être présent lorsque ta femme accouchera de tes enfants. Pas question de vivre cette expérience dans la salle d'attente, s'il te plaît.

– C'est sûr.

– Je le savais, a dit Doris. Tu n'as pas l'air de quelqu'un qui cherche à fuir ses responsabilités.

– J'essaie de faire les choses bien, ce qui me semble juste.

– Même si cela implique d'attendre une vieille dame qui tente de gravir une montagne ?

– Ça ne me pose aucun problème. Eux par contre…

J'ai désigné les trois Finlandais. Ils semblaient se sentir beaucoup mieux qu'au matin. Ils étaient debout, sac à l'épaule, prêts à repartir malgré la pause. En fait, j'étais drôlement content que Doris soit avec nous. Sans elle, j'aurais été le maillon faible de l'expédition ; du moins, pour l'instant. Les Finlandais auraient dû patienter et m'attendre. Avec Doris, en revanche, je me donnais une image de gentleman. J'étais épuisé, mes pieds – mes pieds incroyablement grands et maladroits – me faisaient souffrir, mais j'étais à ma place.

– Voilà les porteurs, s'est exclamée Doris en se penchant vers l'avant.

Je n'avais pas besoin de regarder, je les entendais. Ils parlaient entre eux et leurs pas sur le sol étaient lourds. Ils avançaient rapidement malgré le poids de leurs charges. J'ai vu le premier homme surgir au sommet de la crête qui se trouvait en contrebas. Il portait un lourd paquetage brinquebalant sur la tête dont le poids était néanmoins inférieur à ce que transportait Sarah.

L'homme avait aussi une cargaison attachée sur son ventre et une autre sur son dos. Au final, il semblait porter une charge plus lourde que lui-même. Malgré tout, en additionnant le poids de son corps et de sa charge, il ne devait pas peser beaucoup plus que moi sans mon sac. De la sueur mouillait ses sourcils et dégoulinait sur son visage. Il y avait là quelque chose de rassurant : tout cela lui demandait un gros effort.

Nous nous sommes pressés contre la falaise afin de lui céder le passage.

– *Jambo, assante sana*, a-t-il lancé à l'attention de Doris en lui décochant un large sourire.

– *Karibu*, a-t-elle répondu.

– *Jambo*, ai-je ajouté.

Il m'a regardé et son sourire a disparu instantanément. La même scène s'est répétée au passage de chacun des porteurs : ils étaient amicaux avec Doris et indifférents à mon égard. C'est comme si j'étais devenu un super-héros avec un formidable pouvoir d'invisibilité, du moins auprès de nos porteurs.

– Ils sont vraiment désagréables avec toi, a murmuré Doris. Et tout ça uniquement parce que tu as demandé à Sarah de nous accompagner.

– Au moins, ils ne font pas de discrimination. Ils ne lui adressent pas la parole à elle non plus.

– Ils devraient avoir honte. N'ont-ils pas des filles ou des femmes ? En tout cas, c'est sûr qu'ils ont une mère.

– Rappelez-vous : ils pensent venir d'un champ de melons…

– Même les melons ont une mère. Rien n'excuse qu'ils ne soient pas plus courtois à votre égard à tous les deux.

– Où est Sarah, d'ailleurs ?

J'ai regardé en bas. Tous les autres porteurs étaient déjà passés devant nous. Puis, comme si elle avait attendu que je la cherche du regard, elle est apparue au sommet de la crête. Elle faisait de gros efforts pour avancer. Ses bras étaient aussi fins que des stylos. Sa charge semblait plus imposante et plus lourde que toutes les autres.

– *Jambo*, a-t-elle dit, le souffle court et le visage en sueur.

– Tout va bien ? lui ai-je demandé.

– Elle va bien !

En me retournant, j'ai aperçu monsieur Odogo.

– Elle est un porteur et une Chaga, donc elle va bien.

J'aurais souhaité le savoir à proximité avant. Je n'aurais rien dit.

– Je vais bien, a admis Sarah.

– Elle irait cependant mieux si elle était auprès des autres porteurs. Il te faut accélérer la cadence, ma fille.

Monsieur Odogo s'adressait à elle, mais ne me quittait pas des yeux, attendant sans doute que je dise quelque chose, que je le défie. Je n'ai rien dit. Je n'avais jamais pensé sérieusement qu'il avait l'intention de me balancer au bas de la montagne, mais si cela avait été le cas, l'endroit où nous nous trouvions ne pouvait être mieux choisi.

– Nous devons y aller, a-t-il ordonné.

J'ai tendu la main à Doris pour l'aider à se relever.

– Merci, DJ. Tu es un gentleman, toi.

Nous avons repris notre ascension.

Lorsque enfin je suis parvenu à dépasser la crête, je n'ai pu en croire mes yeux : nous avions franchi le mur du petit-déjeuner ! Tout ce que je voyais maintenant, c'était une longue piste à l'inclinaison stable. Nous devions encore grimper, bien sûr, mais le mur était désormais derrière nous. Nous avions mis un peu plus de deux heures et demie pour le vaincre. Je me sentais si heureux, si excité que j'ai failli me mettre à glousser.

– Nous l'avons fait ! ai-je lancé avec satisfaction.

– Oui, vous avez franchi le mur, a admis monsieur Odogo. Vous avez terminé la toute première étape du périple.

Je m'étais tellement focalisé sur ce mur que j'avais oublié qu'il ne s'agissait que de la première partie de notre parcours de la journée.

– Combien de temps encore avant l'arrivée ?

– Pas beaucoup. Environ quatre heures, auxquelles il faut ajouter la pause déjeuner.

– Et combien de kilomètres ?

– Es-tu fatigué ?

J'ai failli mentir, mais cela ne me venait pas naturellement. J'ai donc opiné.

– Dis-toi alors que tu seras beaucoup plus fatigué tout à l'heure. C'est une journée très difficile aujourd'hui.

– Plus que la journée de l'ascension au sommet ?

– Aucune journée n'est plus difficile que la dernière, a dit monsieur Odogo en rigolant.

– Vraiment ?

– Est-ce que tu remets encore en question mes propos ?

– Pas du tout, monsieur. Simplement, j'ai trouvé le mur vraiment difficile.

– Il est difficile, mais il n'est pas haut.

– Il en existe un plus long que celui-là ?

– Pas plus long, mais plus haut.

J'étais désormais aussi confus qu'épuisé.

– Je ne comprends pas.

– Le mur du petit-déjeuner, ou le mur du Barranco, est l'ascension la plus longue avec ses deux cent quarante mètres, mais il n'est pas le plus haut.

– Donc, c'est le plus long mais pas le plus haut. Comment est-ce possible ?

Il m'a regardé comme un adulte qui tente d'expliquer quelque chose de très simple à un enfant.

– Il est long, mais il débute tout juste sous les quatre mille mètres d'altitude et se termine deux cent quarante mètres plus haut. Ça reste bas. Ce qui est haut, c'est le sommet de la montagne, qui se situe à cinq mille huit cent quatre-vingt-quinze mètres. Tu comprends ?

– Maintenant, oui.

– On va gagner de la hauteur et tu vas le sentir durant notre ascension. Personne ne souffre du mal des montagnes à trois mille mètres d'altitude. Cela commence maintenant et chaque pas supplémentaire augmente la probabilité de le ressentir. Tu vas facilement comprendre dans les prochaines heures.

Peut-être avais-je déjà commencé à le ressentir.

– Le secret, c'est d'y aller *polepole*.

– Je pense que vous vous adressez à la mauvaise personne, est intervenue Doris.

Elle a montré les Finlandais, qui avaient déjà repris leur ascension, loin devant.

Monsieur Odogo a chuchoté quelque chose dans sa barbe et son visage a affiché cet air agacé qu'il avait l'habitude de me réserver. Il a lancé un appel et les porteurs qui étaient séparés en deux groupes – Sarah formant à elle seule l'un d'eux ! – se sont rapidement levés.

– Je vais rattraper ces idiots et tenter de les raisonner, a affirmé notre guide.

J'ai failli lui dire que les Finlandais semblaient très bien se débrouiller sans lui, mais j'ai eu la présence d'esprit de me taire. Du moins, cette fois-ci.

– J'ai demandé aux porteurs de partir avant nous afin qu'ils puissent établir le campement pour notre arrivée, a repris monsieur Odogo. Tous sauf une. Elle sera votre guide encore une fois.

« Elle » ne pouvait désigner qu'une seule personne et j'en étais très heureux. Notre groupe était composé d'une foule de gens, mais mon équipe n'en comptait que trois : Doris, Sarah et moi.

– Vous devez l'écouter et vous rappeler d'y aller doucement. Gardez en mémoire le fait que chaque pas vous mène plus près du sommet, mais qu'il est aussi plus difficile que le précédent.

– Ce n'est pas très rassurant, ai-je dit en regrettant immédiatement d'avoir ouvert la bouche.

– Tu cherches du réconfort ou de l'honnêteté ?

– De l'honnêteté, monsieur.

– Bien. Maintenant, je vous laisse.

Il est parti à la poursuite des Finlandais tout en criant

quelques mots en chaga à Sarah alors qu'elle s'approchait de nous. Elle avait l'air aussi fatiguée que moi. Marchant à la tête des porteurs, monsieur Odogo pressait le pas pour rejoindre nos trois comparses qui avaient presque disparu au loin. Il allait finir par les rattraper, je n'en doutais pas. Ce que je ne comprenais pas, c'est pourquoi il semblait aussi fâché contre eux. Après tout, ils se débrouillaient très bien sans lui.

– Nous devons y aller, a lâché Sarah.

Doris était déjà sur pied, prête à repartir. C'était une vraie battante. J'ai pris mon sac ; j'étais également prêt.

Je commençais curieusement à regretter l'ascension du mur du petit-déjeuner. Le sentier que nous suivions maintenant était moins abrupt, mais il semblait sans fin. Un challenge court et à pic m'apparaissait désormais préférable à un autre long et haut. Je n'aurais jamais cru avoir cette pensée.

Sarah marchait en tête, suivie de Doris et de moi. Notre guide souffrait. Et plus nous avancions, plus elle semblait peiner sous le poids de sa charge. Elle trébuchait parfois et a même failli s'étaler de tout son long sur le sol. Elle transpirait abondamment et son souffle était aussi court que celui de Doris et le mien. Je me sentais de plus en plus coupable. Je trouvais injuste qu'une fille plus jeune, plus petite et plus faible que moi transporte une charge plus lourde que la mienne. Je connaissais d'avance sa réponse à ma proposition, mais je devais la lui faire :

– Sarah, si tu as besoin d'aide, je pourrais…

– Je n'ai aucunement besoin d'aide, m'a-t-elle interrompu sèchement.

– C'est simplement que tu sembles...

– Est-ce que tu proposerais à un autre porteur de le décharger d'une partie de sa charge ? m'a-t-elle demandé.

– S'il était fatigué et s'il trébuchait, je le ferais, oui.

– Tu ne dois t'occuper que de toi-même. Il te faut seulement marcher. À la fin de la journée, je devrai peut-être même te porter.

– Ne te fâche pas, lui ai-je dit. Tu es un petit melon tellement sensible. Peut-être te sens-tu un peu trop mûre, Mambiri ?

Sarah s'est tournée vers moi et m'a fait les gros yeux. Je lui ai répondu par un sourire et elle a eu du mal à conserver son sérieux. Elle a finalement souri.

– Pourrions-nous faire une petite pause ? a demandé Doris.

Je savais que Doris était fatiguée, mais je la soupçonnais de vouloir ainsi permettre à Sarah de se reposer sans perdre la face.

– Nous devrions nous reposer, a reconnu cette dernière. Et manger. C'est presque l'heure du déjeuner.

Nous avons déposé notre chargement et nous nous sommes assis sur les rochers qui longeaient la piste. Sarah a plongé les mains dans un sac et en a extrait un emballage de papier d'aluminium, puis un grand thermos et trois tasses.

– Poulet et thé aujourd'hui, a-t-elle dit.

Elle nous a tendu nos morceaux de poulet. C'était le même qu'hier. Il avait été séché d'une manière spéciale afin de ne nécessiter aucune réfrigération. Doris a servi le thé, qui contenait déjà du lait et du sucre.

– Je sais que les autres porteurs sont agacés par ta présence, Mambiri, mais je suis très heureuse d'avoir une femme en ma compagnie, a lancé Doris.

– Je suis heureuse d'être ici… même si ce n'est pas une partie de plaisir. C'est beaucoup de travail. Et c'est très dur.

– Je n'aurais jamais cru t'entendre dire cela, ai-je lâché.

– C'est difficile, mais j'y arriverai.

– J'aimerais avoir cette confiance, a avoué Doris.

– La confiance est une bonne chose, a dit Sarah. D'ailleurs, j'ai vu beaucoup de personnes très grosses atteindre le sommet.

– Des personnes grosses ? ai-je dit, sceptique.

– Oui. Et certaines encore plus grosses que toi.

– Moi ? Mais je ne suis pas gros !

– Combien pèses-tu ?

– Cent kilos environ.

– Mon Dieu ! C'est encore plus gros que je ne l'avais imaginé ! Tu pèses plus à toi seul que ma petite sœur, mon frère et moi-même réunis.

– C'est parce que je suis plus grand et plus baraqué que vous tous. Ce n'est pas du gras, mais du muscle, ai-je répliqué.

– Ça, je ne le crois pas. Si c'était du muscle, tu pourrais en prendre davantage sur tes épaules.

– Je t'ai proposé d'en prendre plus !

– Ne propose pas ce que tu ne peux offrir. Tu éprouves déjà suffisamment de difficulté à te porter toi-même. Ne me parle pas d'en prendre plus. Maintenant, mange ton poulet.

J'ai regardé mon morceau de viande. Il me dégoûtait.

– Je ne crois pas que je vais le manger. De toute façon, je suis trop gros.

– Tu es gros, mais tu dois manger, a rétorqué Sarah. Je suis ton guide, pas ta mère ni ta femme. Je plains la première et je me demande si tu trouveras la seconde.

Doris a rigolé.

– DJ est un petit enfant qui a besoin qu'on s'occupe de lui, a lancé Sarah à Doris avant de se tourner vers moi. Tu n'as pas mangé grand-chose au petit-déjeuner. Tu n'as donc aucun appétit ?

– Pas pour votre mixture toute grise !

– Peu importe si tu as de l'appétit ou non. Si tu veux atteindre le sommet demain, tu dois manger !

– Si je mange, tu me foutras la paix ?

– Commence par manger, et nous verrons.

J'ai pris le poulet d'une main et j'ai utilisé l'autre pour me gratter le dos. Une raideur me remontait droit à la tête.

– Est-ce que tu vas bien ?, m'a demandé Doris. Tu as l'air de souffrir.

– J'ai un petit mal de tête. J'ai l'impression qu'elle est gonflée.

À peine avais-je dit cela que je le regrettais. Cela ne sonnait pas vraiment comme une blague.

– Gonflée ? a répété Sarah. Soit c'est l'altitude, soit c'est parce que tu as réellement une tête enflée !

– Cela pourrait aussi vouloir dire que j'ai mal à la tête, tout simplement. Ça m'arrive à la maison.

Doris a éclaté de rire avant de stopper net.

– Je suis désolée. Je ne ris pas à cause de ton mal de tête. C'est juste que vous avez l'air d'un vieux couple, tous les deux.

– Nous ? me suis-je exclamé.

– Oui. Un peu comme si vous aimiez ces petites prises de bec, mais sans vraiment penser les mots qui sortent de votre bouche.

– Je ne veux pas me battre avec lui, a dit Sarah, mais il faut bien que quelqu'un lui dise comment agir. Il est incapable de se débrouiller seul !

– Mon cher Samuel disait toujours qu'un bon mari doit écouter sa femme, a renchéri Doris.

– Pourrions-nous nous dépêcher de manger afin de reprendre la route ? ai-je dit, tentant désespérément de changer de sujet de conversation.

– Pour une fois, il a raison, a admis Sarah. Nous devons atteindre le campement le plus rapidement possible pour que vous puissiez vous reposer. Le sommeil sera bref avant de nous attaquer au sommet.

Je tentais tant bien que mal d'en finir avec mon poulet. Je n'avais que très peu d'appétit, ma tête me faisait mal et mon estomac était à l'envers. Je devais me convaincre que ces symptômes ne signifiaient rien, mais je n'y parvenais pas vraiment.

Lorsque nous sommes arrivés au campement, les tentes étaient déjà montées et le repas nous attendait. Les Finlandais avaient mangé et étaient couchés. C'était aussi ce que je rêvais de faire :

me coucher ! Il me fallait cependant manger. Encore une fois, j'ai dû me forcer à avaler la nourriture. C'était un mélange de pommes de terre frites et d'œufs, le repas qui devait nous servir de carburant pour atteindre le sommet. Il m'a plutôt retourné l'estomac. Je marchais sur une ligne très mince : il me fallait ingurgiter suffisamment de bouffe pour reprendre des forces tout en prenant garde de ne pas en avaler trop et de la régurgiter.

J'étais épuisé. Mes muscles étaient endoloris. En plus, j'avais mal à la tête. La douleur avait augmenté en intensité et elle se répandait de l'arrière de mon crâne jusque sur les côtés et l'avant. Il fallait ajouter à cela les nausées. En clair, dans un dictionnaire visuel, à l'entrée « mal des montagnes », il y aurait eu ma photo. Plus qu'un jour ! En fait, plus qu'une nuit. Il m'était déjà arrivé de passer des examens alors que j'étais mal en point. J'avais joué un match de football américain avec quarante de fièvre. Je pouvais gagner malgré la maladie. Mais ce n'était pas un simple jeu, ici : il s'agissait de grimper au sommet d'une montagne. La meilleure chose qu'il me restait à faire était d'aller au lit afin de faire le plein d'énergie. Au réveil, je me sentirais mieux.

J'ai repoussé mon assiette à moitié vide, je me suis levé puis dirigé vers ma tente. Si je parvenais à m'endormir instantanément, je bénéficierais de quatre heures de sommeil avant qu'on vienne me réveiller pour démarrer la dernière étape de notre périple. Je n'étais pas totalement convaincu de la mener à bien. Étais-je capable d'accomplir cette tâche ?

VINGT ET UN

J'ai été tiré d'un sommeil qui me paraissait sans fin par des bruits en provenance de l'extérieur. Il devait être temps de partir. Pour une fois, ce n'était pas les malaises physiques qui m'avaient éveillé. Durant la courte nuit, je m'étais en effet levé à trois reprises : pour vomir, pour uriner et enfin pour laisser mes intestins faire leur travail. J'aurais préféré que les trois systèmes aient explosé en même temps. Cela aurait été plus vite.

Je me suis traîné hors de mon sac de couchage. Ce simple mouvement a fait battre la chamade à mon cœur et m'a essoufflé. C'était le résultat d'une peur. Je n'avais pas peur de la montagne ; j'avais peur d'échouer. Car je doutais vraiment de pouvoir atteindre le sommet dans l'état où j'étais ?

J'ai allumé ma lampe et la lumière a envahi la tente. En jetant un regard à ma montre, j'ai constaté qu'il n'était que vingt-trois heures. Nous ne partirions pas avant minuit. Je pouvais dormir encore une heure. J'ai pensé éteindre ma lampe et me recoucher, mais les bruits extérieurs se faisaient plus forts. Il y avait de l'action et il allait m'être impossible de me rendormir.

Je portais suffisamment de vêtements pour affronter le froid : trois épaisseurs en haut et en bas, incluant mes sous-vêtements Thermolactyl. Je n'avais qu'à mettre mon chapeau, mes moufles et mes bottes de marche. J'ai eu du mal à lacer ces dernières car mes doigts étaient légèrement engourdis. J'ai ouvert la fermeture Éclair de la tente et j'ai senti l'air froid y entrer.

Le campement était en pleine ébullition. Les porteurs bougeaient dans tous les sens. Étaient-ils aussi fébriles que moi ? Sûrement pas… L'un des Finlandais, Tomas, était assis sur le sol. Monsieur Odogo tentait visiblement de le soigner. Tomas se mit à vomir son âme… Vraiment. Puis une deuxième fois. Le mal des montagnes…

J'ai aperçu Sarah et me suis approché d'elle.

– Le mal des montagnes, n'est-ce pas ? ai-je chuchoté.

– Oui, lui et ses deux amis. L'un d'eux ne va pas bien du tout.

L'un des Finlandais était couché sur le dos. Un autre gisait à ses côtés.

– Ils sont malades à quel point ? ai-je demandé.

– Je crois qu'ils le sont sérieusement. Mais je ne sais pas trop, c'est la première fois que je vois quelqu'un souffrir du mal des montagnes.

– Tout allait si bien pour eux.

– Tant que tu n'as pas atteint quatre mille mètres, ça ne veut rien dire. Approchons-nous !

Je l'ai suivie sans un mot. Monsieur Odogo semblait vraiment préoccupé. Il hurlait des ordres aux porteurs. Ceux-ci se servaient de tiges et de couvertures pour préparer ce qui ressemblait à une civière. Allaient-ils ramener les Finlandais en bas ?

Nous étions là, à regarder la scène, lorsque Doris nous a rejoints :

– Le mal des montagnes, ai-je expliqué.

– Oh, mon Dieu ! Ils semblaient pourtant maîtriser la situation ! Preuve qu'on ne peut pas tout prévoir…

– Oui, c'est fou. Qui aurait pensé que vous, par exemple, résisteriez mieux que ces grands et jeunes gaillards ? ai-je dit à Doris.

– Tu sais, mon garçon, j'ai quand même donné naissance à trois enfants. J'en connais un peu sur la douleur.

Monsieur Odogo nous a soudain appelés auprès de lui.

– Vous avez sans doute remarqué qu'on a un problème.

– C'est sérieux ? ai-je demandé.

– Très, très sérieux.

– Ils ne viendront pas avec nous au sommet ?

– Aucune chance ! Il faut les remmener tout au bas de la montagne. Et vite !

– Les remmener ? Qui le fera ?

– Les porteurs.

– Mais les Finlandais ne sont-ils pas trop lourds ?

– Il nous faudra prendre tous les porteurs en plus du cuisinier et de moi-même.

– Et nous ? a demandé Doris.

– Vous nous attendrez ici.

– Pendant combien de temps ? me suis-je inquiété.

– Nous reviendrons au plus vite. En fin d'après-midi, au plus tard. Sarah restera avec vous pour veiller sur vous et faire la cuisine. Je reviendrai pour vous ramener en bas.

– Tu veux dire : après que nous aurons atteint le sommet ? a demandé Sarah.

– Je ne crois pas, non, a répondu son père.

– Mais pourquoi ?

– Il n'y aura pas assez de nourriture ni de porteurs pour vous y conduire. Je ne peux pas prendre ce risque. Peut-être une autre fois.

J'aurais dû me sentir amèrement déçu mais, au lieu de cela, j'ai éprouvé une sorte de soulagement. Je n'atteindrais pas le sommet, mais ce ne serait pas de ma faute. J'avais une porte de sortie. J'étais sauvé et…

– Nous devons y aller ! a protesté Sarah.

Elle s'est tournée vers moi, cherchant sans doute mon soutien.

– Nous devons y aller, hein, DJ ?

– Je crois que nous devons écouter ton père, ai-je répondu.

Malgré la pénombre, j'ai pu voir des poignards dans ses yeux.

– Et ton grand-père ? Et la promesse que tu lui as faite ?

Puis à son père :

– Et la promesse que tu as aussi faite à ton père ? Qu'en fais-tu, de cette promesse ?

– La vie et la mort sont plus importantes que les promesses, a répliqué monsieur Odogo. Je dois redescendre ces hommes, sinon ils risquent de mourir.

Doris a passé alors un bras autour des épaules de Sarah :

– Il a raison, ma chérie. Nous n'avons pas le choix. Parfois, les choses ne se passent pas comme nous le voulons. Tu auras d'autres occasions.

Sarah, oui. Doris et moi, cela était peu probable. Et si quelqu'un d'autre que moi allait porter les cendres de mon grand-père au sommet de la montagne ? Ce serait un moindre mal. C'était l'objectif et non le messager qui importait. En plus, grand-père avait écrit que ce qui comptait le plus était d'essayer. Depuis quand pensais-je ainsi ? Eh bien, depuis fort peu de temps, à vrai dire…

Sarah a changé de stratégie.

– Je dois me rendre au sommet, a-t-elle dit calmement.

– Non, tu dois au contraire mettre de côté ton envie, a répondu son père.

– Il ne s'agit pas que de mon envie, mais de celle de toutes les femmes et les filles qui…

– Assez ! s'est exclamé monsieur Odogo. Plus de discussion. Il y a bien plus important que ta fierté blessée ici. Il y a des vies en jeu et je n'ai pas le temps de débattre en ce moment.

Ce commentaire a fait taire Sarah. C'était la première fois que je la voyais se faire clouer le bec.

– Est-ce que tu m'as bien compris ?

– Oui, papa.

– Tu vas rester auprès de Doris et de DJ et tu vas prendre soin d'eux. C'est compris ?

– Oui, papa.

– J'ai ta parole ?

– Je ne les quitterai pas jusqu'à ton retour.

– Bien, parce que…

L'un des porteurs a crié quelque chose et monsieur Odogo a regardé dans sa direction. Il s'est retourné vers nous et a dit :

– Je dois y aller. Je serai de retour en fin d'après-midi.

– Veux-tu que je les ramène un peu vers…

– Je vous veux ici lorsque je reviendrai. Ni plus haut, ni plus bas !

– Oui, papa.

Il a fait quelques pas vers les porteurs, avant de revenir vers nous et de prendre sa fille dans ses bras.

– Tu es une bonne fille, Mambiri. Tu ressembles à ta mère de bien des manières et c'est pourquoi je vous aime autant toutes les deux.

La tenant toujours dans ses bras, il m'a regardé.

– Et toi, tu es un brave jeune garçon… Un brave jeune homme. Ton grand-père a certainement été fier de toi. Et il doit encore l'être.

Sur ce, monsieur Odogo est parti. Il a rejoint le reste du groupe et ils ont entrepris leur descente. Deux Finlandais étaient portés par quatre hommes. Monsieur Odogo s'occupait du troisième. La vision était étrange : ils étaient tous équipés d'une lampe frontale et les petits faisceaux lumineux scintillaient dans la nuit. Après une dizaine de pas, les hommes ont disparu et nous ne pouvions voir que les petites lumières sautiller dans la pénombre.

J'ai éteint ma lampe et nous avons été plongés dans le noir durant quelques secondes. Puis nos yeux se sont habitués à la lumière projetée par la lune et les étoiles. Tout, autour de nous, était éclairé. Nous pouvions voir l'ensemble du campement. Pas seulement nos tentes, mais aussi celles des autres groupes qui attendaient de se lancer à l'assaut du sommet. Le vent était fort et secouait les abris, qui dansaient comme s'ils cherchaient à s'échapper vers le bas ou à commencer l'ascension du sommet. Les doigts de neige étaient phosphorescents sous l'effet de la lumière lunaire. Maintenant que je n'avais plus à l'escalader, la montagne m'apparaissait belle.

– Merci de m'avoir soutenue, en tout cas, a dit Sarah d'un ton sarcastique.

– Je ne suis pas là pour te soutenir, ai-je répondu. Ce sont les porteurs qui sont censés soutenir les grimpeurs.

– Ne nous disputons pas, a interrompu Doris. Je sais que nous sommes tous déçus.

« Tous sauf moi », ai-je pensé. Pour moi, cet abandon était plutôt un vœu secret qui s'exauçait, une manière de m'en sortir sans que j'y sois pour quelque chose.

– Nous devons juste demeurer ensemble et attendre, a repris Doris.

Sarah a marmonné quelques mots dans sa langue, mais j'ai vu à quel point elle était en colère et déçue. J'ai tourné le dos et me suis dirigé vers l'extrémité du campement. Dans les autres refuges, des voix s'élevaient, les gens se préparaient à l'ultime ascension. Je n'ai pu m'empêcher de me demander combien d'entre eux parviendraient au sommet et combien espéraient trouver une excuse honorable pour laisser tomber en cours de route.

J'ai sorti mon téléphone. Il y avait du réseau. Je pouvais envoyer un message à ma mère. Lui expliquer… Je devais lui expliquer. Non, pensais-je, pas ma mère. Je devais envoyer un message à mon frère. J'ai fait défiler mon carnet d'adresses jusqu'à son nom et j'ai commencé à écrire un texto.

C'est fini. Je n'ai pas pu le faire. Des événements se sont produits.

J'aurais dû ajouter autre chose, mais je ne savais pas quoi. J'ai appuyé sur « Envoyer ». Mon frère recevrait mon message sans doute le lendemain. Mais non, comme la dernière fois, mon téléphone a vibré tout de suite.

Que veux-tu dire ? Tu t'es cassé le cou ?

Oui, évidemment. Il lui fallait des détails.

Trois personnes de notre groupe ont été prises d'un grave mal des montagnes et ont dû être remmenées en bas. Tous les porteurs sauf un les ont accompagnées.

J'ai envoyé le message. Je me demandais ce qu'il allait répondre.

Es-tu près du sommet ?

Parlait-il de distance, de temps ou d'effort ? Ce n'était pas la même chose.

1 300 mètres. Six heures. Je peux le voir, mais le guide nous a défendu d'y aller.

La réponse ne s'est pas fait attendre :

Si tu peux le voir, tu peux l'atteindre. Va au sommet.

C'était Steve tout craché, ça : outrepasser les règles n'en faire qu'à sa tête.

Mon téléphone a encore vibré.

Quand quelqu'un te dit que tu ne peux pas faire quelque chose, ça ne veut pas dire que tu ne peux pas le faire. Grand-papa était terrifié et épuisé durant la guerre. Il a vu ses amis mourir autour de lui, mais il a continué parce qu'il croyait en ce qu'il faisait. C'était il y a longtemps et il a échoué, mais il est allé le plus loin possible.

Un sanglot m'a échappé. Mon frère ne savait pas tout. On ne m'avait pas seulement interdit de me rendre au sommet... Moi non plus, je ne voulais pas y aller. Pourquoi ne comprenait-il pas ? Sans doute parce que je ne le lui avais pas dit.

Je suis épuisé. Malade. Je ne crois pas pouvoir le faire. Je suis tellement désolé.

Mon doigt est resté suspendu au-dessus du bouton d'envoi. Pouvais-je lui dire cela ? J'avais toujours dû être le plus fort des deux. Or je me sentais tout sauf fort en ce moment. J'ai appuyé sur « Envoyer ». Instantanément, je me suis senti mieux, délivré, mais aussi inquiet. Le téléphone a vibré à nouveau.

Ne sois pas désolé. Combats la fatigue. Combats la douleur. Crois en toi. Essaye et tu n'échoueras pas. Tu es aussi brave que grand-papa. Je crois en toi. Continue, mon frère. Grand-papa t'attend au sommet. Reste en contact.

– Et je crois en toi, ai-je dit à voix haute, avant d'écrire :

Je vais essayer un peu.

J'ai effacé les derniers mots.

Je vais essayer, pour grand-père et pour toi, frérot. Merci.

J'ai envoyé le message et j'ai rangé mon téléphone. Je suis revenu auprès de Doris et de Sarah tout en regardant les petits points lumineux qui gravissaient la montagne.

– C'est hypnotisant, a dit Doris.

– C'est magnifique, a ajouté Sarah. C'est tellement dommage que…

– Je vais les suivre, ai-je dit.

Doris et Sarah ont paru sous le choc.

– Je ne vous demande pas de m'accompagner, mais je dois tenter l'aventure.

– J'y vais avec toi, a dit Doris.

– Personne ne va nulle part, a lancé Sarah. En tout cas, pas sans moi.

– Tu n'es pas obligée de venir avec nous, tu sais. Nous suivrons les lumières et profiterons des autres guides.

– Oui, nous ne voulons pas que tu brises la promesse que tu as faite à ton père, a ajouté Doris.

– C'est exactement ce pour quoi je dois vous accompagner : pour ne pas briser ma promesse !

– Et comment penses-tu y arriver si tu grimpes avec nous ? lui ai-je demandé.

– J'ai promis que je resterais avec vous. Si vous partez et que je reste ici, je brise ma promesse. En plus, mon père n'en saura rien. Nous avons le temps d'atteindre le sommet et de redescendre avant qu'il revienne.

– Alors tu ne lui diras pas que nous avons monté ?

– Bien sûr que je lui dirai.

– Et il ne sera pas en colère ?

– Oh si, il sera très en colère, mais j'accepterai ma punition. Parfois, il faut savoir encaisser. De plus, être désobéissant est une chose, mais mentir en est une autre. Je désobéis souvent, mais je suis toujours honnête.

– J'imagine que cela jouera en ta faveur lorsque ton père te punira.

Sarah a haussé les épaules.

– Peu importe son châtiment, il ne pourra pas m'enlever ce que j'aurai accompli ; moi, femme chaga, me serai assise sur le toit de l'Afrique.

Le toit de l'Afrique. Ces mots semblaient magiques. Mythiques, même.

– Allons nous habiller, prendre de l'eau et nos sacs, et démarrons, a ordonné Sarah.

VINGT-DEUX

Sarah a pris les devants, suivie de Doris et de moi-même. Je fermais le peloton afin de pouvoir rattraper Doris si jamais elle venait à trébucher. Étant donné que personne ne pourrait m'aider si je tombais à la renverse du fait de mon poids , c'était mieux ainsi. Si j'étais en tête de marche et que je tombais, j'entraînerais tout le monde avec moi.

Le sentier était étroit et abrupt, et comportait plusieurs virages en épingle à cheveux. Sarah veillait à trouver les meilleurs endroits sur notre route pour placer les pieds. Chaque fois que la pente se faisait plus à pic, mes poumons le ressentaient et je me mettais à rêver d'une piste plus plate. Mais chaque fois qu'il s'en présentait une, je souhaitais un sentier plus abrupt afin d'atteindre le sommet plus rapidement. Nous avions mille deux cents mètres à escalader et le meilleur moyen d'y parvenir consistait à grimper.

Sarah nous conduisait et nous formions à une petite nuée

de clarté parmi une vague de nombreuses lumières. Tous les grimpeurs qui avaient emprunté l'une des sept routes d'escalade depuis le bas se rejoignaient dans la section où nous nous trouvions. De petits groupes de lumières nous suivaient ou nous précédaient. Chaque fois que nous nous arrêtions pour prendre une pause, des groupes nous dépassaient. Et inversement, nous en croisions qui reprenaient leur souffle alors que nous étions en marche. J'éprouvais alors une certaine satisfaction, mais en fin de compte, tous ces mouvements faisaient penser à un jeu de saute-mouton… Car nous croisions presque toujours les mêmes groupes.

Des mots d'encouragement étaient échangés, parfois dans une langue que je ne connaissais pas. Reste que les sourires, les pouces levés et les petites tapes dans le dos formaient un langage universel. Nous étions tous dans le même bain, voyageant séparément et sans nous connaître, mais en route vers une destination commune. En fait, nous espérions tous nous rendre au même endroit. Pour certains, je doutais que ce soit possible.

Nous avons dépassé plusieurs groupes dont certains des membres étaient accroupis et vomissaient. D'autres étaient en pleurs. D'autres encore fixaient l'horizon, les yeux vides et désespérés. Leurs corps étaient toujours sur la montagne, mais leur esprit était ailleurs. Je savais comment ces personnes se sentaient. Mon estomac bougeait plus rapidement que mes pieds et ma tête continuait à bourdonner, la douleur passant sans cesse de l'arrière de mon crâne aux côtés, puis vers l'avant. Je ne cessais de douter : allais-je arriver au sommet ou non ?

– Je dois faire une pause, s'est lamentée Doris.

– Juste un peu plus loin, il y a un endroit pour s'asseoir, a dit Sarah. Pensez-vous pouvoir vous y rendre ?

– Oui… Oui.

Notre rythme déjà lent a ralenti encore un peu. Les petits pas étaient comme des pas de bébé. Je me concentrais sur Doris, qui était devant moi. Sa foulée était si courte qu'un pas en avant dépassait à peine les orteils de l'autre pied.

– Juste ici, a dit Sarah.

Nous nous sommes effondrés sur des rochers, à un endroit où la piste se faisait légèrement plus large. J'ai déposé mon sac et j'ai aidé Doris à se débarrasser du sien.

– Je suis vraiment désolée de vous ralentir, a-t-elle affirmé.

– Vous ne ralentissez personne, lui ai-je répondu. Je voulais justement faire une pause.

– Tes mensonges sont mignons.

– Je ne mens pas. Enfin, pas tant que ça. Vous avez demandé à vous arrêter quelques secondes seulement avant que je ne le fasse moi-même. C'est une sacrée épreuve que nous faisons là.

– Oui, très difficile, a ajouté Sarah. Nous devons nous hydrater.

J'ai retiré mes gants et, à l'aide de mes doigts tout raidis, j'ai sorti de mon sac mon Thermos. Sans cette bouteille isolante, l'eau aurait gelé. J'ai dévissé le bouchon et j'ai laissé couler le liquide dans ma gorge desséchée. J'aimais la sensation de cette ligne froide qui descendait vers mon estomac mal en point.

– Où en sommes-nous ? a demandé Doris.

J'ai regardé ma montre. Elle brillait sous la lumière de ma lampe frontale.

– Il est un peu plus de deux heures. Nous marchons donc depuis sensiblement le même nombre d'heures.

– Oui, mais que nous reste-t-il à parcourir ?

Nous nous sommes tournés tous les deux vers Sarah. Elle a secoué la tête.

– Je n'en sais rien. Peut-être avons-nous parcouru le tiers… Le quart… N'oubliez pas que, pour moi aussi, c'est une première.

Un groupe nous a dépassés, et Sarah en a profité pour demander quelque chose au guide. L'homme a répondu aimablement et ils ont échangé quelques mots. Sarah s'est relevée.

– Nous sommes à peu près au tiers du parcours. Le guide m'a dit qu'il espérait vraiment que je parvienne au sommet.

– C'est très gentil de sa part, a commenté Doris.

Gentil, mais inquiétant malgré tout. Pouvais-je encore parcourir le double de ce que j'avais escaladé jusqu'ici. Et Doris ?

– Il a également dit que la montagne ne viendrait pas à nous et que nous devions reprendre notre ascension.

Je me suis levé lentement avant de tendre une main à Doris. Elle l'a saisie et je l'ai tirée.

– Un pas à la fois, l'ai-je encouragée. Et nous nous arrêterons chaque fois que nous verrons une jolie fleur afin de respirer son parfum.

– Des promesses, des promesses, a dit Doris en rigolant.

Sarah a repris sa marche. Doris et moi l'avons suivie. Un pas à la fois. Chaque pas nous rapprochait du sommet de la montagne et nous éloignait de sa base.

Nous avons établi tacitement un mode opératoire. Nous grimpions durant dix ou quinze minutes, puis nous prenions une pause, buvions de l'eau, reprenions notre souffle et laissions à notre cœur le temps de retrouver un rythme moins rapide. Nous nous appuyions sur les rochers sans jamais nous asseoir. Il était devenu trop difficile de se relever. Le froid s'intensifiait. Il semblait s'immiscer entre les couches de vêtements que je portais. Mes doigts et mes orteils étaient engourdis, envahis de picotements. Je me serais plaint si je n'avais pas constaté que Sarah ne portait pas de gants. Elle cachait ses mains dans les poches d'un manteau qui semblait moins chaud que le mien. Je me doutais aussi qu'elle ne portait pas autant de couches de vêtements que moi. Et comme c'était froid pour moi, je n'osais imaginer ce que cela devait être pour elle. Ainsi, puisqu'elle ne se plaignait pas, je ne pouvais pas me permettre de le faire. Pourtant, Dieu sait que j'en avais envie. Je voulais m'arrêter. Je voulais me rouler en boule et qu'on me ramène à ma tente… Non, dans mon lit, à la maison.

Au moins, je n'éprouvais plus de nausées. Mon estomac semblait avoir compris qu'il était inutile de tenter de faire sortir quelque chose qui n'était pas là. Cependant, tout mon sang me montait à la tête. Je le sentais circuler d'un lobe à l'autre. Je ressentais une telle pression dans mon crâne que je le touchais parfois pour m'assurer qu'il n'avait pas grossi.

– Pourrions-nous faire une pause ? a lâché Doris.

Comme elle penchait un peu vers l'arrière en prononçant ces mots, j'ai posé mes mains sur son dos afin de lui offrir un léger soutien. Nous avons péniblement fait une dizaine de pas supplémentaires avant de nous arrêter à un endroit que Sarah trouvait convenable. Je me suis appuyé sur un rocher, à moitié penché, à moitié assis. Sarah est restée debout, mais Doris s'est laissée tomber au sol. Je me suis relevé pour marcher jusqu'à elle.

– Est-ce que ça va ?

– J'ai simplement perdu l'équilibre. Heureusement, je suis petite et la terre n'est pas bien loin, a-t-elle dit en souriant faiblement.

– De l'eau, buvez de l'eau, ai-je dit en sortant ma bouteille.

– C'est ton eau. Tu en auras besoin pour parvenir au sommet.

– C'est notre eau, et nous en aurons tous besoin afin d'atteindre le sommet.

Elle n'a rien répondu.

J'ai dévissé le couvercle de ma bouteille Thermos et lui ai tendu le contenant.

– Doris, je ne serais pas là sans vous, vous savez. Je n'aurais jamais été aussi loin. Nous sommes ensemble dans cette aventure.

Je ne pensais pas prononcer ces mots un jour et encore moins les dire du fond du cœur. Mais ils n'exprimaient rien d'autre que la vérité.

– Je ne sais pas si je suis capable d'aller au bout de cette expédition, a-t-elle chuchoté.

– Je ne sais pas si j'en suis capable moi non plus, mais il n'y a que deux options : soit nous continuons ensemble, soit nous redescendons ensemble.

– Tu ne dois pas réfléchir de la sorte ! a-t-elle protesté. Pense à ton grand-père !

– Mon grand-père ne vous aurait jamais abandonnée !

– Je ne fais que vous ralentir, tous les deux.

– Nous avancerons au rythme qu'il faudra. Nous sommes une équipe, une vraie. Personne ne ralentit personne. Nous ne faisons que nous entraider à aller de l'avant. Ensemble. Lorsque vous serez prête, nous reprendrons l'ascension.

– Je suis prête, a-t-elle dit dans un sourire.

– Eh bien, pas moi ! me suis-je exclamé. J'ai besoin d'eau… Et vous aussi.

Elle a pris une grande lampée et m'a tendu la bouteille.

– Comment va ta tête ?

– Ça pourrait être pire.

Ce n'était pas faux : elle aurait pu exploser.

J'ai pris une autre gorgée d'eau et j'ai ensuite fait une chose que je m'étais promis de ne pas faire : j'ai regardé en haut.

J'ai pu voir quelques lumières se dandiner au-dessus de nous, bien au-dessus. Et puis… plus rien. Je ne savais que trop bien qu'il ne s'agissait pas du sommet. C'était sans nul doute une autre plateforme remplie de courbes, qui rendait invisibles les grimpeurs et leurs lampes. J'ai regardé vers le bas. Il y avait deux autres nuées de lumières, deux autres groupes dans notre sillage. Nous n'étions pas seuls. Et je formais une équipe avec Doris et Sarah. Je me suis rappelé les mots de mon grand-père : « Si tu veux voyager loin, voyage en groupe. »

– Allons-y, a lancé Sarah, brisant le silence qui nous entourait.

J'ai offert ma main à Doris et, pendant un instant, j'ai eu peur que son poids ne me fasse tomber. Quelles forces me restait-il ? J'ai glissé mon Thermos dans mon sac et j'ai enfilé mes gants.

Notre ascension avait désormais un caractère cauchemardesque. L'épuisement, le manque de sommeil, le froid, la déambulation d'étrangers aux crânes ornés de lampes : on aurait dit un film de zombies. Des zombies qui gravissaient une montagne. Et j'étais l'un d'eux.

Sarah s'est tournée vers nous.

– Éteignez vos lampes.

– Quoi ?

– Vos lampes. Éteignez-les.

Avec mes doigts gantés et engourdis, il m'a fallu quelques secondes pour y parvenir. Il faisait sombre, mais pas autant que je l'avais imaginé. En fait, une fois mes yeux acclimatés, il faisait presque clair. L'environnement était baigné d'une douce lumière blanche. Notre vision ne se réduisait plus à la bande étroite devant nous, qu'éclairait le petit faisceau de lumière. Nous pouvions voir au loin.

– La lune est si brillante, a dit Doris.

J'ai regardé le ciel. Elle brillait, oui, mais était-elle si brillante ?

– Ce n'est pas que la lune, a affirmé Sarah. Le soleil commence à luire à l'horizon.

– Quelle heure est-il ? ai-je demandé.

– Autour de cinq heures, je crois.

J'ai jeté un œil à ma montre – un geste que je refusais de faire depuis quelques heures. Il était quatre heures quarante-cinq.

– Nous grimpons depuis cinq heures, a lâché Doris. Enfin… nous grimpons et nous nous reposons.

– C'est impossible de faire la première action sans la seconde, a répliqué Sarah. Monter sans prendre de pauses est pratiquement impossible.

– Impossible pour nous, ai-je dit. Pour vous, peuple chaga, c'est différent.

– Plusieurs Chagas en sont incapables. On a fait du bon boulot, je vous assure !

– Et combien de temps doit-on continuer ce bon boulot ? ai-je demandé.

– Regardez là-haut, là où les lumières des grimpeurs disparaissent.

– C'est le sommet ?

– Non, pas le sommet. C'est le point de Stella. Une fois que nous l'aurons franchi, il restera environ une heure.

J'étais rassuré et effondré à la fois.

– Je me répète, mais il nous faut repartir, a dit Sarah. La montagne ne viendra pas à nous.

J'ai acquiescé. Je me suis levé d'un bond pour aussitôt m'écrouler. Je portais tant de vêtements et mon corps était si engourdi que je n'ai éprouvé aucune douleur. En fait, c'est la gêne et l'embarras qui m'ont envahi. J'ai tout fait pour me remettre sur pied. Au moment où j'y suis parvenu, je me suis écroulé à nouveau. Mes jambes ne me portaient plus.

– Reste assis, a dit Sarah.

– Je dois me…

– Quelques secondes ! Allonge-toi un moment.

– Fais ce qu'elle te dit, a ajouté Doris. Il est inutile de gaspiller notre énergie en dispute.

Elle avait raison. Je n'avais pas plus d'énergie pour me disputer que pour me relever.

Sarah a posé ses mains sous moi. Était-elle en train d'essayer de me relever ? Je l'ai sentie détacher mon sac et le retirer.

– Que fais-tu ?

– J'allège ta charge. Maintenant, laisse-nous tenter de te relever.

Doris et Sarah ont pris mes mains et m'ont aidé à m'asseoir.

– Bois de l'eau, maintenant, a dit Sarah.

Doris m'a tendu une bouteille. J'ai pris une longue gorgée. J'avais l'impression que mon énergie revenait. J'allais être capable de me remettre sur pied. Du moins, je l'espérais.

– Je suis prêt.

Je me suis levé. Je tremblais mais j'étais debout.

– Je prends mon sac et…

– Je porte ton bagage, a dit Sarah.

– Je peux le faire !

– Tu dois m'écouter, DJ. Je te le rendrai au point de Stella.

– Ne discute pas, a lâché Doris. Ne m'as-tu pas offert plus tôt de prendre mon paquetage, toi aussi ?

– C'est vrai. Je pensais simplement que… que…

– Que ce serait toi qui porterais le sac d'une vieille femme ?

– Pas une vieille femme, non. Juste une femme plus vieille que moi.

– Tu sais, c'est une marque de sagesse que de savoir quand on a besoin d'aide. Nous sommes ici pour nous entraider.

J'ai essuyé une larme.

– Je ne sais pas quoi dire.

– Pourquoi devrais-tu dire quelque chose ? Nous sommes une équipe, non ? Grimpe ! Jusqu'au sommet !

– Jusqu'au sommet, ai-je répondu.

VINGT-TROIS

J'ai entendu des bruits droit devant nous et j'ai regardé par-dessus les épaules de Doris et de Sarah. Des grimpeurs descendaient. Avaient-ils abandonné si près du sommet ? Non. Ils avaient atteint le sommet et redescendaient !

J'avais aperçu ces trois hommes et ces deux femmes plus tôt, au campement, ainsi que quelques jours auparavant sur la piste. Ils étaient tous dans la vingtaine et plutôt en forme.

– Vous y êtes presque ! a hurlé l'un d'eux avec un fort accent australien.

– Vous faites du bon travail ! a lancé une fille.

– Comment est-ce, là-haut ? a demandé Doris.

– Vous allez le découvrir bientôt, a répondu la même femme dans un sourire.

L'un des hommes s'est approché de moi, m'a enlacé et m'a chuchoté à l'oreille, tout en regardant Doris :

– Ce que tu fais pour ta grand-mère est vraiment spécial, mon ami.

Je devais le corriger :

– Ce qu'elle fait pour moi est encore plus spécial, tu sais !

Il m'a donné une grande tape dans le dos.

– Arrête de parler. Et grimpe maintenant.

Le groupe a poursuivi son chemin, tout en se félicitant, blaguant et riant. Leur manière, sans doute, de combattre l'épuisement…

– Sarah ! Est-ce que je peux avoir mon sac ? S'il te plaît !

Elle n'a pas répondu.

– Je dois transporter mon grand-père ! Je dois tenir ma promesse.

Elle a hésité.

– Je vais mieux maintenant. Je peux le faire.

Elle a retiré mon sac de son dos et me l'a tendu. Je l'ai placé sur mon dos. Étrangement, le surplus de poids m'a donné l'impression d'être plus léger. Sarah est repartie de plus belle et nous l'avons suivie.

Le jour se levait tranquillement. Le soleil n'était pas encore bien haut, mais je pouvais sentir la chaleur de ses premiers rayons. Cela m'a donné de l'énergie.

Qui plus est, la clarté de l'air permettait de voir au loin. La piste s'élargissait tant et si bien que plusieurs autres s'ouvraient devant nous. En me retournant, j'ai aperçu d'autres grimpeurs luttant pour parcourir la distance que nous venions de parcourir. J'avais envie de les encourager.

Je ne les connaissais pas, mais nous faisions partie de la même aventure.

Plus rien sous nos pieds n'était solide. Il n'y avait que des cendres et des roches instables qui se défilaient sous chacun de nos pas. Deux femmes, membres d'un autre groupe, ont glissé le long d'une falaise et se sont retrouvées plusieurs dizaines de mètres plus bas. Visiblement, elles ne s'étaient pas fait mal. Et au moins avaient-elles déjà atteint le sommet. Cela n'avait aucune importance qu'elles soient arrivées avant nous. Ce qui importait, c'était que nous allions réussir, nous aussi. J'en étais presque convaincu.

– Arrêtez ici, a lancé Sarah.

J'ai failli buter contre Doris. Soudain, j'ai vu l'enseigne : « Bienvenue au point de Stella ! » Nous y étions presque. Ma mémoire m'a rappelé que la piste était maintenant moins abrupte. Il nous restait à peine deux cents mètres de dénivelé.

Doris a sorti son appareil photo.

– Je veux une photo de vous deux maintenant ! Juste avant la dernière ascension !

Sarah et moi nous sommes placés de chaque côté du panneau et avons affiché un large sourire. Doris a pris la photo.

– À votre tour maintenant, ai-je dit à Doris.

Je me suis emparé de l'appareil et Doris a pris ma place. J'ai retiré mes gants et me suis rendu compte que mes doigts allaient mieux. L'engourdissement avait disparu. Après avoir réglé l'appareil, j'ai relevé la tête pour dire aux filles : « Souriez ! »

C'était inutile ; elles souriaient déjà. J'ai pris un cliché, puis un deuxième, au cas où.

Alors que nous jouions aux photographes, deux groupes nous ont croisés dans leur descente. Ils riaient, et tous nous ont encouragés. Leurs paroles me redonnaient de l'énergie, de la motivation et de l'inspiration. Sans échanger le moindre mot, nous avons repris notre ascension.

Nous luttions contre la pente, espérant enfin atteindre la crête. Je regardais au loin, par-dessus la tête de Sarah. Nous gravissions la pente d'un côté et le soleil se levait de l'autre. Il était aveuglant. J'ai protégé mes yeux d'une main. Devant nous, le sol s'aplanissait en une pente très légère. À moins de deux cents mètres de nous se tenaient quelques personnes regroupées autour d'un panneau indicateur. LE panneau indicateur.

– Est-ce que… ? ai-je demandé.

– Nous y sommes, a répondu Sarah, la voix remplie d'émerveillement.

– Presque, ai-je dit. Encore quelques pas.

– Un pas à la fois, a dit Doris. DJ, tu devrais passer devant.

– Quoi ?

– Passez devant, toi et ton grand-père.

– Non ! Vous, Sarah, moi et mon grand-père. Tous ensemble !

J'ai pris la main de Doris, puis celle de Sarah.

– Jusqu'au sommet. Tous ensemble !

Côte à côte, nous avons marché le long du petit sentier. La poussée d'adrénaline faisait disparaître la fatigue dans mes jambes, la tension dans mes poumons et la douleur dans ma tête. Pour la première fois depuis des jours, j'étais certain que nous allions réussir.

– J'aimerais tellement que mon mari me voie en ce moment, a murmuré Doris.

– Il vous voit, ai-je dit. Et mon grand-père me voit aussi.

Nous sommes parvenus au panneau. Les gens se sont dispersés en nous offrant leurs plus beaux sourires. Un étranger, un homme qui venait de vivre la même aventure, s'est dirigé vers moi. Il m'a serré la main et m'a félicité.

– Laissez-moi vous photographier, a-t-il dit.

Doris lui a tendu son appareil. Nous nous sommes regroupés devant le panneau. Le point d'Uhuru – le plus haut point d'Afrique. Nous y étions ! J'avais envie d'éclater de rire. J'avais envie d'éclater en sanglots. Je me sentais tellement… en vie !

VINGT-QUATRE

Je me suis approché du bord de la montagne en tenant fermement la canne entre mes mains. J'avais réussi. J'étais au sommet du Kilimandjaro. Je pouvais désormais répandre les cendres, puis redescendre et retourner à la maison. C'était presque terminé. Mais, curieusement, maintenant que j'avais atteint le sommet, je ne voulais pas que cela se termine. Tant que les cendres étaient dans la canne, c'était comme si mon grand-père était encore avec moi. Je me leurrais. Il serait toujours avec moi.

– Nous devrons partir bientôt, a dit Sarah.

– Je sais, ai-je répondu. Donne-moi seulement une minute.

– Nous comprenons, chéri, a dit Doris. Est-ce que tu veux qu'on te laisse seul ?

– Non, j'ai besoin de vous près de moi. Je cherche simplement mes mots. Je devrais dire quelque chose, non ?

– Est-ce que cela te gênerait que je dise quelques mots ? m'a-t-elle demandé.

– Pas du tout, non.

Sarah et Doris ont retiré leur chapeau et moi, ma cagoule. Dans l'une de mes mains se trouvait la canne. Dans l'autre, le béret de mon grand-père.

– Nous sommes ici pour dire au revoir à David McLean, a prononcé Doris. Je n'ai pas eu l'honneur de connaître cet homme, mais j'ai eu la chance de rencontrer son petit-fils. On dit souvent, mon cher David, que l'on peut juger un arbre par ses fruits. J'ai connu le fruit. Pour engendrer un tel petit-fils, vous deviez être un grand homme. Vous manquez assurément à beaucoup de personnes.

Je me suis étouffé, essayant de repousser les larmes. Puis j'ai entendu des sanglots. Je me suis retourné. Sarah pleurait, son corps était secoué.

– Vous avez demandé une faveur à votre petit-fils, a poursuivi Doris, une faveur qu'il va maintenant accomplir. Puis-je à mon tour vous en demander une ? Pourriez-vous saluer mon mari et vous assurer qu'il ne cause pas trop de soucis là-haut ?

J'ai dévissé le pommeau de la canne et j'ai laissé tomber doucement les cendres dans le creux de ma main. Le vent, pourtant très fort il y a quelques instants, semblait avoir pris une pause. Comme s'il m'attendait.

– Merci de m'avoir permis de vivre un tel voyage, grand-père.

J'ai lancé les cendres vers le ciel. Le vent s'en est emparé et les a menées en un nuage. Elles se sont élevées encore et encore, puis ont disparu dans le firmament, quelque part entre le ciel et la terre.

– Ce n'est pas un au revoir, ai-je chuchoté. Tu seras toujours avec moi.

VINGT-CINQ

Mes yeux se sont ouverts et, dans la pénombre, ma main s'est portée à ma tête afin d'allumer ma lampe frontale. Elle n'y était pas. J'ai réalisé alors que, moi non plus, je n'étais pas là… sur la montagne. J'étais confortablement installé dans le lit d'une chambre de l'hôtel Springlands de Moshi. J'ai laissé échapper un profond soupir de soulagement et de satisfaction. J'étais monté au sommet, puis j'étais redescendu. J'ai fermé les yeux. Le lit était si confortable.

Au matin, j'allais m'envoler. De Moshi à Nairobi ; de Nairobi à Amsterdam ; d'Amsterdam à la maison. Ce serait un long périple et je devais dormir encore un peu, mais je ne cessais de penser à la journée qui m'attendait. J'allais m'habiller, faire mes bagages, prendre la canne de mon grand-père et rejoindre Doris, Sarah et monsieur Odogo dans le hall. Ils allaient nous raccompagner à l'aéroport. Je prendrais le premier avion avec Doris, puis nos routes se sépareraient.

L'idée de lui dire au revoir m'attristait, mais ce ne serait pas un au revoir définitif. Nous nous étions promis de nous revoir l'été suivant, et il ne s'agissait pas du traditionnel « On se reverra bientôt ». Je comptais aller en Angleterre et elle me servirait de guide dans son pays. Elle m'a même dit qu'elle me présenterait l'une de ses petites-filles. Si elle était à moitié aussi formidable que sa grand-mère, cela n'avait rien d'une menace. Peut-être même avait-elle deux petites-filles à me présenter ? J'avais déjà demandé à Steve de m'accompagner et il avait accepté. J'avais hâte de faire ce voyage avec lui.

Il m'avait manqué durant les derniers jours. Je me demandais si ce sentiment allait durer lorsque nous nous retrouverions, mais qui pouvait le savoir ? Il n'était pas seulement mon frère, il était mon jumeau. J'étais convaincu que, d'ici quelques semaines, nous recommencerions à nous taper sur les nerfs. Mais n'était-ce pas là le sort de tous les frères ? Et sans doute des frères et des sœurs ?

En tout cas, c'est ce que Sarah était devenue pour moi : ma sœur. Malgré toutes les taquineries, elle ne deviendrait jamais ma femme ou ma petite amie ; elle demeurerait pour toujours ma petite sœur. Mon agaçante, irritante, autoritaire et obstinée petite sœur, pour laquelle j'éprouverai toujours la plus grande affection, et ce, même si je devais ne plus jamais la voir. Peut-être pourrais-je l'aider à accomplir ses rêves comme mon grand-père avait su le faire avec le sien. Même si je l'avais déjà accompagnée dans la réalisation de l'un d'eux, j'étais convaincu que Sarah n'avait pas besoin de l'aide de quiconque pour réaliser ses prochains rêves. Peut-être se souviendrait-elle de moi lorsqu'elle deviendrait la première femme présidente de Tanzanie ?

Monsieur Odogo me manquerait également. Quelques jours auparavant, je n'aurais jamais cru cela possible !

Nous étions revenus au campement environ une heure avant son retour. Dès son arrivée, Sarah lui avait tout raconté. J'avais retenu mon souffle, dans l'attente de l'explosion. Mais monsieur Odogo n'a pas réagi, pas comme je l'avais prévu, du moins. Il nous a tous félicités, nous a serré la main et nous a fait une accolade. Il a dit qu'il était bien trop fier de nous pour être en colère. En fait, il s'attendait à ce que nous tentions l'aventure. Il connaissait trop bien sa fille et il savait que je voudrais à tout prix tenir la promesse faite à mon grand-père. Il avait cru en moi à un moment où j'avais moi-même perdu la foi.

Cela ne l'a cependant pas empêché de nous punir. Plutôt que de nous laisser nous reposer un peu au campement, il nous a forcés à descendre à mi-chemin de la montagne. Après dix heures et mille trois cents mètres d'escalade, la dernière chose dont j'avais besoin était de bouger encore. Il nous a fait descendre dix autres kilomètres, soit mille quatre cents mètres d'altitude. Sarah m'a avoué que, si Doris n'avait pas été avec nous, son père nous aurait obligés à descendre tout en bas, ce qui équivalait à une marche supplémentaire de huit kilomètres et de mille cinq cents mètres de dénivelé. J'ai remercié Doris d'exister. Pas seulement pour ce qu'elle avait fait là-haut, mais pour l'avenir.

Je me suis assis sur le lit – mon lit si confortable. Il était évident que je ne pourrais pas me rendormir. De toute façon, il était presque l'heure que je me lève. Je me suis redressé, j'ai allumé la lumière et j'ai pris mon téléphone. Il était cinq heures. Je me suis rendu compte que j'avais des messages et des courriels. Ce n'était pas surprenant.

Depuis que j'étais redescendu de la montagne, j'avais échangé des messages avec tous mes cousins. Tout là-haut, repoussant mes limites, j'avais oublié que je n'étais pas le seul à devoir accomplir une mission. Je ne savais pas où était Rennie, mais mes autres cousins et mon frère étaient dispersés à la surface du globe : Steve en Espagne, Adam en France, Spencer, Bernard et Webb en Amérique du Nord. Leurs courts messages m'avaient permis d'obtenir des parcelles de description de leurs propres aventures.

J'avais hâte de m'asseoir avec eux et de leur raconter mon aventure. Plus important encore, j'avais hâte d'entendre la leur. Je nous imaginais tous assis au chalet avec nos parents, racontant chacun nos récits de voyage. Reste qu'une personne manquerait à l'appel. Cette personne avait organisé nos périples. Cette personne nous avait tant donné. Cette personne, plus que quiconque, aurait apprécié nos récits. Ceci dit, grand-père ne serait pas absent. Il m'avait accompagné tout au long de l'ascension et il serait avec moi – avec nous – lorsque nous nous rassemblerions à nouveau.

Puis je me suis souvenu. J'avais encore un peu de lui avec moi. Il me restait la troisième et dernière lettre. Elle se trouvait enfouie quelque part dans mon sac.

Je me suis précipité hors du lit et j'ai commencé à vider mon sac. Une petite panique s'est emparée de moi : où était-elle ? Je l'ai finalement trouvée. Elle était pliée, un peu déformée. J'avais d'abord pensé la lire au sommet de la montagne, mais, excitation oblige, j'en avais oublié l'existence. En redescendant, je m'en étais souvenu, et je m'étais demandé si le mot « Fin » signifiait que je devais attendre d'être au bas du Kilimandjaro avant de la lire. Ensuite, rendu au pied de la montagne, je m'étais demandé s'il me fallait être de retour à la maison avant d'y jeter un œil. En fait, une partie de ma conscience ne voulait pas que je l'ouvre. À l'intérieur se trouvaient les dernières paroles que mon grand-père allait m'adresser. À jamais.

Je tenais l'enveloppe dans mes mains, la retournant doucement encore et encore. Je repensais à tout ce que grand-père avait représenté pour moi, à tout ce qu'il représentait encore. Le temps était venu : j'ai décacheté l'enveloppe avec précaution et j'en ai retiré la lettre.

Cher DJ,

Je savais à peu près où tu te trouverais lorsque tu ouvrirais les deux premières lettres : sans doute dans ta chambre pour la première et au pied de la montagne pour la seconde. En ce qui concerne celle-ci, difficile de savoir ce que tu as compris dans le mot « Fin ». Cela peut vouloir signifier que tu es au sommet du Kilimandjaro ou que tu n'y es pas parvenu. Cela n'a aucune importance. Ce qui importe, ce n'est pas le chemin derrière ou devant toi, mais ce qui se trouve à l'intérieur de toi.

Tu es une personne tellement forte, tellement pleine de potentiel. Tu es quelqu'un à qui tout semble réussir lorsque tu te fixes un objectif. J'ose espérer que ce cadeau que tu m'as fait – te rendre au sommet – en fut également un pour toi. Je souhaite que cette aventure t'ait appris à prendre la vie comme elle vient, à vivre pleinement le moment présent, à ne pas penser plus loin et, peut-être, à intégrer en toi le concept de polepole *: mener lentement le chemin de ta vie.*

Tu dois m'excuser pour ma piètre façon de tenter de te communiquer la sagesse : j'étais toujours étonné lorsque les gens me considéraient comme un sage. C'est probablement l'un des dommages collatéraux qui accompagnent le vieillissement : si tu es vieux, tu te dois d'être sage. Crois-moi, j'ai rencontré beaucoup de personnes âgées qui se croyaient sages. La sagesse ressemble à une illusion.

Seuls les fous croient savoir ce qu'est le sens de la vie. L'homme sage sait qu'il ne sait rien, comme le disait Socrate et comme l'écrivait Platon. Les plus sages ne font pas que connaître leurs limites ; ils acceptent et chérissent ces limites. Au fil des années, j'ai compris que tout ce que je savais ne serait jamais de taille à se mesurer à ce que je ne savais pas. En fait, la seule chose dont j'étais convaincu, c'est que chacun d'entre nous tente de faire au mieux de ses capacités. Nous luttons tous, nous tentons d'accomplir nos rêves, nous acceptons nos échecs et nous célébrons nos succès. Tout cela, je l'ai vécu.

J'ai souvent pensé que le plus grand des problèmes que tu devrais affronter au cours de ta vie était cette propension que tu as à vouloir réussir tout ce que tu entreprends ; sache que l'échec aussi est bon pour l'âme. Nous cherchons tous la réussite, mais c'est l'échec qui nous définit. N'aie pas peur de perdre. Au contraire, accepte de perdre : cela ne fera jamais de toi un perdant. Cela fera de toi un être humain. J'espère que ton voyage t'aura appris certaines choses, notamment que la vie n'est pas une destination, mais un voyage. Et ce dernier périple fut une partie de ce voyage, la dernière partie que j'aurai partagée avec toi, et ce, même si un peu de moi sera toujours avec toi.

Les Chagas croient qu'un homme ne meurt jamais tant qu'il a des enfants. Je le crois aussi. Par l'entremise de mes filles et de mes petits-enfants, je continue à vivre. À travers toi, je continue à vivre. Je suis si fier de toi, mais triste aussi de ne pas être là pour te voir mûrir et devenir un homme, un mari, un père et un grand-père. Mais, encore une fois, un peu de moi continuera à vivre à travers tes enfants et tes petits-enfants. Une partie de moi sera toujours présente sur cette Terre. Pour le reste, j'imagine que je sais maintenant ce qu'il y a après la mort, mais je ne peux malheureusement pas le partager avec toi.

J'ai une dernière chose à te demander et, ne t'en fais pas, ce n'est pas l'ascension d'une autre montagne ! Tu as reçu le même prénom que moi et j'en ai toujours ressenti un réel honneur. Ta mère m'a fait un cadeau merveilleux. La présence de deux David dans la famille t'a conduit à être surnommé « junior », puis DJ. Aujourd'hui, il n'y a plus de senior et donc plus de junior. Tu peux maintenant – si tu le veux bien sûr – te faire appeler tout simplement David. C'est ta décision et tu peux prendre tout ton temps pour y penser. Qui sait ? Peut-être qu'un jour, dans plusieurs années, un autre garçon de la famille sera prénommé David et pourra ainsi maintenir en vie notre héritage à tous les deux ? Si cela se produit de ton vivant, je voudrais que tu fasses deux choses. D'abord, lui remettre notre béret et, ensuite, ne jamais lui demander d'escalader la moindre montagne !

Un jour, une personne a demandé à Socrate de lui dire s'il croyait qu'elle avait connu une belle vie. Il a répondu qu'il ne pouvait se prononcer puisque la vie de cette personne n'était pas encore terminée. Aujourd'hui, je peux répondre à cette question. J'ai eu la plus belle vie imaginable et elle ne s'est pas terminée le jour où je suis mort, mais là-haut, avec toi, sur cette montagne. Merci de m'avoir emmené dans ce voyage. Grâce à toi, j'ai finalement pu me trouver entre ciel et terre.

Avec tout mon amour,
Grand-père

J'ai tenté en vain de retenir mes larmes, des larmes qui n'étaient pas uniquement causées par la tristesse mais aussi par la gratitude, le soulagement, le bonheur et la joie.

Là, sur mon lit, au milieu des objets que j'avais retirés de mon sac afin de trouver la lettre, j'ai vu le béret. Je l'ai saisi. Je l'ai touché, je l'ai fait tourner dans mes mains en me remémorant le souvenir de mon grand-père le portant, un sourire aux lèvres, sautillant, racontant des histoires, riant et vivant à fond chaque moment de sa vie.

Je l'ai posé sur ma tête même si ce n'était pas très convenable.

J'ai marché jusqu'au miroir et je l'ai replacé en le faisant légèrement pivoter, l'enfonçant un peu plus sur mon crâne jusqu'à ce qu'il me semble correctement positionné. Je me suis regardé. J'ai vu mon grand-père qui me regardait. Nous avons souri tous les deux.

REMERCIEMENTS

Je tiens à remercier profondément les autres auteurs de cette série. Quel honneur ce fut pour moi de partager cette aventure avec vous tous ! Un merci spécial à Andrew Wooldridge, qui a pris le risque de publier cette série, ainsi qu'à Sarah Harvey, qui a su éditer sept écrivains vraiment différents.

SERIEZ-VOUS PRÊT À ACCOMPLIR
LES DERNIÈRES VOLONTÉS D'UN ÊTRE CHER,
AU RISQUE DE BOUSCULER VOTRE DESTIN ?

« MON ACTRICE PRÉFÉRÉE
A TOUJOURS ÉTÉ GLORIA LORRAINE.
[...] JE VOUDRAIS QUE TU AILLES
LA VOIR. JE SAIS QUE TU PEUX
LA RETROUVER, NOTAMMENT GRÂCE
À INTERNET. J'AIMERAIS QU'ELLE
TE DONNE UN BAISER SUR LA JOUE.
DIS-LUI QUE C'EST POUR MOI,
QUE C'EST UNE FAVEUR À SAVEUR
SENTIMENTALE QUE JE LUI DEMANDE.
ET FILME CE BAISER POUR MOI,
SPENCE. »

Spencer a hérité d'une mission pour le moins ennuyeuse et facile. Certes, il est passionné de cinéma, mais filmer le baiser que lui donnera Gloria Lorraine, une vieille vedette de cinéma, ne s'annonce pas bien trépidant, d'autant plus qu'il entre sans problème en contact avec elle. Cependant celle-ci a d'autres projets pour Spencer, qui va suivre l'excentrique vieille dame dans des aventures loufoques et dangereuses à Nowheresville, Ontario. Accompagnés d'AmberLea, la petite-fille de Gloria, d'Al Capolo, boulanger-gangster, et de Monsieur Bones, vont-ils réellement s'ennuyer ?

DISPONIBLE LE 10 MARS 2017

“ WEBBY, JE DOIS UNE FAVEUR À UN VIEIL AMI. TU TROUVERAS SON NOM ET SON ADRESSE AU DOS DE CETTE LETTRE. LE BILLET D'AVION, LE PASSEPORT ET LES CARTES BANCAIRES TE PERMETTRONT DE T'Y RENDRE. TOUT CE QUE TU FERAS POUR LUI, C'EST COMME SI TU LE FAISAIS POUR MOI. ET JE L'APPRÉCIE. VOILÀ CE QU'IL FAUT QUE TU APPRENNES : LES SECRETS ENFOUIS CAUSENT DE LA SOUFFRANCE. ”

Webb a quitté sa maison et il vit dans les rues de Toronto, en jouant de la guitare aux passants. Son grand-père lui confie la mission suivante : Webb doit se rendre sur la route Canol, dans le grand Nord canadien. Accompagné d'un guide natif de la région, de deux touristes allemands et de sa guitare, il devra faire face à des ours et des hommes dangereux... Mais surtout, il va découvrir un épisode terrible de la vie de son grand-père...

DISPONIBLE LE 19 MAI 2017

Achevé d'imprimer en décembre 2016
par Lego (Italie)
N° d'édition : J17004
Dépôt légal : janvier 2017